Greg. 234 [illegible]

[crossed out handwriting]

attribué a le chercher
de la riviere par [illegible]
barbier

4644

6594

L'ORDRE

NATUREL ET ESSENTIEL

DES SOCIÉTÉS

POLITIQUES.

TOME PREMIER.

L'ORDRE

NATUREL ET ESSENTIEL

DES SOCIÉTÉS

POLITIQUES.

L'Ordre est la Loi inviolable des Esprits ; & rien n'est réglé, s'il n'y est conforme.

MALEB. Tr. de Mor. Ch. II. Part. XI.

TOME PREMIER.

A LONDRES,

Chez JEAN NOURSE, Libraire ;

& se trouve à PARIS,

Chez DESAINT, Libraire, rue du Foin
Saint Jacques.

MDCCLXVII.

DISCOURS PRÉLIMINAIRE.

Nous connoiſſons dans les Rois trois principaux objets d'ambition; une grande richeſſe, une grande puiſſance, une grande autorité: j'écris donc pour les intérêts des Rois; car je traite des moyens par leſquels leur richeſſe, leur puiſſance, leur autorité peuvent s'élever à leur plus haut degré poſſible.

Les propriétaires des terres ne déſirent rien tant que de voir accroître les revenus qu'ils retirent annuellement de leurs domaines: j'écris donc pour les intérêts de ces propriétaires; car je traite des moyens par lesquels toutes les terres peuvent parvenir à leur donner le plus grand revenu possible.

La classe qui vend ses travaux aux autres hommes, n'a d'autre but que d'augmenter ses salaires par son industrie : j'écris donc pour les intérêts de cette classe ; car je traite des moyens par lesquels la masse des salaires de l'industrie peut grossir dans toute l'étendue de sa plus grande mesure possible.

Les Ministres des autels, comme hommes co-partageants dans le produit des terres, & comme dispensateurs des biens consacrés à secourir l'indigent, sont doublement intéressés à l'abondance des récoltes : j'écris donc pour les intérêts de ces Miniſtres : j'écris donc pour les intérêts de l'indigent ; car je traite des moyens par leſquels on peut aſſurer aux récoltes la plus grande abondance poſſible.

LES Commerçants, claſſe particuliere d'hommes dont l'utilité eſt commune à toutes les Nations, & qui ne peuvent commercer qu'en raiſon de la reproduction des richeſſes commerçables , ne doivent former des vœux que pour la multiplication de ces richeſſes : j'écris donc pour les intérêts des Commerçants ; car je traite des moyens par leſquels on peut s'aſſurer la plus grande reproduction , & la plus grande conſommation poſſible de toutes les richeſſes qui doivent entrer dans le commerce.

Les hommes enfin, en se ré-
unissant en société, n'ont eu d'autre objet que d'instituer parmi eux
des droits de propriétés communes & particulieres, à l'aide desquels ils pussent se procurer toute
la somme du bonheur que l'humanité peut comporter, toutes les
jouissances dont elle nous rend
susceptibles: j'écris donc pour les
intérêts du corps entier de la Société; car je traite des moyens par
lesquels elle doit nécessairement,
& pour toujours, donner la plus
grande consistence, la plus grande
valeur à ces droits de propriétés
communes & particulieres, se placer ainsi & se maintenir dans son
meilleur état possible.

PAR-TOUT où nos connoiſſances peuvent pénétrer , nous découvrons une fin & des moyens qui lui ſont relatifs : nous ne voyons rien qui ne ſoit gouverné par des loix propres à ſon exiſtence , & qui ne ſoit organiſé de maniere à obéir à ces loix , pour acquérir , par leurs ſecours , tout ce qui peut convenir à la nature de ſon être , & à ſa façon d'exiſter. J'ai penſé que l'homme n'avoit pas été moins bien traité : les dons qui lui ſont particuliers , & qui lui donnent l'empire de la terre , ne me permettent pas de croire que dans le plan général de la création , il n'y ait pas une portion de bonheur qui lui ſoit deſtinée , & un *ordre* propre à lui en aſſurer la jouïſſance.

PLEIN de cette idée , & perfuadé que cette lumiere divine qui
habite en nous , ne nous eft pas
donnée fans un objet , j'en ai conclu qu'il falloit que cet objet fût
de nous mettre en état de connoître *l'ordre* fur lequel nous devons
régler notre façon d'exifter pour
être heureux. De-là , paffant à la
recherche & à l'examen de cet *ordre* , j'ai reconnu que notre état
naturel eft de vivre en fociété ;
que nos jouïffances les plus pré-
cieufes ne peuvent fe trouver
qu'en fociété ; que la réunion des
hommes en fociété , & des hommes heureux par cette réunion ,
eft dans les vues du Créateur ;
qu'ainfi nous devions regarder la
fociété comme étant l'ouvrage de

Dieu même ; & les loix conftitutives de l'ordre focial comme
faifant partie des loix générales &
immuables de la création.

Les premieres difficultés qui fe
font élevées contre cette façon
de confidérer l'homme , ont été
tirées des maux qui réfultent de
notre réunion en fociété. Mais
alors obfervant que parmi les chofes les plus utiles pour nous , il
n'en eft point qui ne puiffent nous
devenir funeftes par les abus que
nous pouvons en faire , j'ai cru
devoir examiner fi les loix naturelles de la fociété font les véritables caufes de ces mêmes maux ,
ou s'ils ne font point plutôt les
fruits néceffaires de notre ignorance fur les difpofitions de ces
loix.

MES recherches fur ce point m'ont fait paffer du doute à l'évidence : elles m'ont convaincu qu'il exifte un *ordre* naturel pour le gouvernement des hommes réunis en fociété ; un ordre qui nous affure néceffairement toute la félicité temporelle à laquelle nous fommes appellés pendant notre féjour fur la terre, toutes les jouiffances que nous pouvons raifonnablement y défirer, & auxquelles nous ne pouvons rien ajouter qu'à notre préjudice ; un *ordre* pour la connoiffance duquel la nature nous à donné une portion fuffifante de lumieres, & qui n'a befoin que d'être connu pour être obfervé ; un *ordre* où tout eft bien, & *néceffairement* bien, où tous les intérêts font fi parfaitement combinés, fi inféparablement unis entre eux, que depuis les Souverains jufqu'au dernier de leurs fujets, le bonheur des uns ne peut s'accroître que par le bonheur des autres ; un *ordre* enfin dont la fainteté & l'utilité, en manifeftant aux hommes un Dieu bienfaifant, les prépare, les difpofe, par la reconnoiffance, à l'aimer, à l'adorer, à chercher par intérêt pour eux mêmes, l'état de perfection le plus conforme à fes volontés.

PLUS j'ai voulu combattre cette évidence, & plus je l'ai rendue victorieufe pour moi : plût au Ciel que je puffe la démontrer aux autres comme je la fens, comme je la vois ; plût au Ciel qu'elle fût

univerſellement répandue; elle ne
pourroit l'être qu'elle ne changeât
nos vices en vertus ; qu'elle ne
fît ainſi le bonheur de l'humanité.

L'Ordre

L'ORDRE NATUREL

ET ESSENTIEL

DES SOCIÉTÉS POLITIQUES.

PREMIERE PARTIE.

Théorie de l'Ordre.

Nécessité physique de la société. Comme elle nous conduit à la connoissance du juste & de l'injuste absolus. Leur origine, en quoi ils consistent ; axiome qui renferme tout le juste absolu. Comme les devoirs sont le principe & la mesure des droits. Premiers principes constitutifs de l'ordre naturel & essentiel à chaque société particuliere. Rapports nécessaires

Tome I. A

de cet ordre effentiel avec l'ordre phyfique ; caractderes principaux & avantages
de cet ordre effentiel ; il eft fimple, évident & immuable ; il conftitue le meilleur état poffible de tout homme vivant
en fociété. Expofition fommaire de la
théorie de cet ordre , fervant encore à
prouver la fimplicité & l'évidence de fes
principes & des conféquences qui en réfultent. Moyens de l'établir & de le perpétuer parmi les hommes.

CHAPITRE PREMIER.

La maniere dont l'Homme est organisé prouve qu'il est destiné par la nature à vivre en société. Nécessité physique de la réunion des Hommes en société. Elle est nécessaire à la réproduction des subsistances, & par conséquent à la multiplication des Hommes, qui est dans les vues du Créateur.

IL EST évident que l'homme, susceptible de compassion, de pitié, d'amitié, de bienfaisance, de gloire, d'émulation, d'une multitude d'affections qu'il ne peut éprouver qu'en société, est destiné par la nature à vivre en société. Ce n'est que dans cette vue qu'elle a pu lui donner le germe des passions qui ne peuvent convenir qu'à un être social : si elle s'étoit proposé que l'homme vécût isolé comme les bêtes féroces, elle ne l'auroit pas or-

A ij

ganifé différemment de ce qu'elles le font;
elle ne l'auroit pas difpofé à recevoir , à
fentir des affections qui n'ont de rapport
qu'avec la fociété, & qui ne peuvent naître en lui qu'autant qu'il vit en fociété.

PLUS nous approfondirons cette idée,
& plus nous ferons convaincus , par la
contemplation de ce qui eft naturellement en nous , que la réunion des hommes en fociété eft dans le plan général de
la création : nous avons reçu de Dieu une
intelligence dont l'utilité ne fe développe
qu'en fociété : par fon moyen nos connoiffances ont franchi les bornes du glo-
be dans lequel nous nous étions trouvés
renfermés ; nous fommes parvenus à multiplier , pour ainfi dire , notre exiftence
perfonnelle, à penfer, à agir dans les autres hommes , à donner à nos volontés
la puiffance de nous rendre préfents en
différents lieux à la fois : pourquoi donc
aurions-nous reçu ces facultés intellec-
tuelles par le fecours defquelles les hommes les plus éloignés les uns des autres
communiquent entre eux & s'entre-fer-
vent , fi ce n'eft pour que la fociété des
hommes exiftât par l'exercice habituel de
ces mêmes facultés ?

CETTE intelligence qui nous rend maîtres de tout ce qui respire, qui permet que notre foiblesse devienne la force dominante sur la terre, qui nous éleve enfin à la connoissance évidente de tant de vérités sublimes & importantes à notre bonheur, nous laisseroit dans un état qui, à plusieurs égards, seroit fort inférieur à celui des brutes, si dans un homme elle n'étoit jamais enrichie des lumieres qui lui sont préparées par les autres hommes.

OUI, notre intelligence, ce don si précieux, est une espece de patrimoine commun, qui n'a de valeur qu'autant que tous les hommes le font valoir en commun, & qu'ils en partagent les fruits en commun. Lors même que la mort nous sépare de la société, elle ne sépare point toujours la société de la portion d'intelligence que nous avons cultivée pendant notre vie : les découvertes que nous avons faites par son secours, tous les fruits, en un mot, que nous en avons retirés, subsistent encore après nous, lorsque nous avons bien voulu les communiquer, & ne point les dérober à la société. Notre intelligence nous survit ainsi pour l'utilité de nos affociés ; ils femblent en hériter : & voilà pourquoi nous difons des grands hommes, qu'ils ne meurent point ; que leur efprit habite encore partout où leurs lumieres fe font répandues, par-tout où leurs vertus fervent de modele.

COMMENT donc pourroit-on croire que nous ne fommes point organifés pour vivre en fociété, tandis que nous nous appercevons tous les jours que par le moyen de notre intelligence, il fubfifte encore une forte de fociété entre nous & des hommes qui, depuis 2000 ans, ont difparu de deffus la terre : nous les révérons, nous les confultons ; à leur tour ils nous parlent & nous inftruifent ; ils communiquent avec nous enfin, puifqu'ils excitent en nous des fenfations, & qu'ils nous fuggerent des idées, comme fi nous jouïffions encore de leur préfence & de leur entretien.

POUR peu que nous faffions attention aux fecours dont l'enfance & la vieilleffe ne peuvent abfolument fe paffer, il eft certainement évident que l'homme eft conftitué de maniere qu'il doit naître, & mourir en fociété. Ce que j'appelle

naître, c'eſt vivre dans l'enfance, dans
cet âge où chaque jour nous acquérons,
par une gradation inſenſible, le degré de
forces ſuffiſantes pour ſatisfaire, par nous-
mêmes, à ce que nos beſoins exigent.
Par la même raiſon, ce que j'appelle mourir, c'eſt la façon dont nous exiſtons,
lorſque courbés ſous le poids des années,
le déclin journalier de nos forces nous
achemine peu à peu vers le dernier terme où la loi commune à tout être créé
doit s'accomplir.

S I dans les extrémités de notre vie,
cette foibleſſe, qui devient en nous une
impuiſſance abſolue, trouve dans les incli-
nations & les devoirs des autres hommes,
tous les ſecours dont elle a beſoin, c'eſt
à la ſociété que nous en ſommes redevables : notre réunion en ſociété ſuppléant
ainſi, dans l'homme ſocial, tout ce que
la nature a refuſé à l'homme iſolé, elle
eſt donc évidemment une condition eſſentielle à notre exiſtence.

Nous trouverons une quatrieme preuve de la même vérité, ſi nous voulons
donner quelque attention aux deux mobiles qui ſont en nous les premiers principes de tous nos mouvements : l'un eſt

A iv

l'appétit des plaisirs , & l'autre est l'aversion de la douleur. Par l'appétit des plaisirs on ne doit pas entendre seulement
l'appétit des jouissances purement physiques , de ces sensations agréables qui
naissent en nous *nécessairement* , selon la
disposition naturelle de nos sens, & sans
le concours de nos facultés intellectuel-
les ; mais sous le nom de plaisirs , il faut
comprendre encore ce que nous pouvons
nommer la délectation de l'ame , ces vi-
ves & douces affections qui la pénétrent
si délicieusement ; qui la remplissent sans
lui laisser aucun vuide , qui naissent des
rapports que nous avons avec les êtres de
notre espece , & que nous ne pouvons
éprouver que dans la société.

DE même quand je parle de l'aversion
de la douleur, l'idée que je veux présen-
ter ne doit point être resserrée dans ce
qui concerne les maux physiques : elle
embrasse encore toutes les situations pénibles , ennuyeuses & affligeantes dans
lesquelles l'ame ne peut se trouver qu'à
l'occasion de notre existence en société.

CES sortes d'affections sociales , quoiqu'elles ne nous soient communiquées
que par l'entremise de nos sens , pren-

nent fur nous un tel empire , qu'elles
nous forcent fouvent à leur facrifier nos
fenfations phyfiques les plus cheres : c'eft
à ces affections fociales que nous obéiffons , lorfque nous paroiffons renoncer
à nous-mêmes pour ne plus vivre que
dans les autres , pour ne plus jouïr que
de leurs propres jouïffances , pour ne
plus connoître le plaifir , qu'autant qu'il
paffe par eux pour arriver jufqu'à nous ;
nous leur obéiffons encore lorfque nous
nous élevons jufqu'au mépris des richeffes & de la vie , & que nous préférons la
douleur phyfique , la mort même au des-
honneur ou à quelqu'autre chagrin qui
naît de nos rapports avec la fociété.

CES réflexions, toutes courtes qu'elles font , fuffifent pour prouver que la
fociété nous devient beaucoup plus pré-
cieufe par les jouïffances qu'elle nous procure dans l'ordre métaphyfique, que par
les jouïffances phyfiques qu'elle nous affure ; qu'ainfi l'appétit des plaifirs, fi
avide de ces affections fociales , ne peut
être fatisfait que par le moyen de la fociété.

JE conviens cependant que ce mobile,
confidéré dans fes rapports avec l'ordre

physique , nous foumet d'une maniere
bien plus fenfible encore & bien plus abfolue , à la néceffité rigoureufe de nous
réunir en fociété : preffés par l'attrait du
plaifir phyfique de fatisfaire aux befoins
effentiels à notre exiftence , & ne pouvant nous procurer , que par le moyen
de la fociété , les chofes relatives à ces
mêmes befoins , il eft évident que notre
réunion en fociété eft une fuite naturelle
& néceffaire de l'appétit des plaifirs.

MAIS ce n'eft point là que fe bornent
les rapports de ce mobile avec la fociété:
quelle multitude de befoins & de jouïffances factices ne voit-on pas naître pour
nous à l'occafion de notre réunion en
fociété ! L'appétit des plaifirs , en nous
rendant fenfibles à l'attrait de ces jouïffances, ne nous annonce-t-il pas que nous
fommes faits pour elles , & qu'elles font
faites pour nous ? & quand il eft démontré , comme il le fera dans la fuite de cet
ouvrage , que ces befoins & ces jouïffances factices font l'ame du mouvement
focial , du mouvement par lequel la fociété parvient à remplir les objets de fon
inftitution , ne nous devient-il pas évident que tout en nous eft difpofé pour

que nous vivions en société ?

CE que je viens de dire de ce premier mobile me dispense de parler du second: il est aisé de concevoir que la privation des jouïssances recherchées par l'appétit des plaisirs, est pour nous une occasion de douleur ; & que l'aversion de la douleur concourt ainsi avec l'appétit des plaisirs, à la formation & au maintien de la société.

UNE cinquieme preuve que nous sommes destinés à vivre en société, ce sont les besoins physiques & essentiels auxquels notre existence nous assujettit uniformément : nous ne pouvons exister sans consommer ; notre existence est une consommation perpétuelle ; & la nécessité physique des subsistances établit la nécessité physique de la société. Si les hommes ne se nourrissoient que des productions spontanées de la terre, de celles qu'elle donne gratuitement, & sans travaux préparatoires, il faudroit un pays très-vaste pour faire subsister un très-petit nombre d'hommes ; mais nous savons par notre propre expérience que l'ordre physique de notre constitution tend à une multiplication très - nombreuse. Cette

dispofition phyfique feroit donc une
contradiction , un défordre dans la nature , en ce que les hommes ne pourroient fe multiplier que pour s'entre-dé-
truire , fi l'ordre phyfique de la reproduction des fubfiftances ne permettoit
pas qu'elles fuffent multipliées auffi à mefure que nous nous multiplions. Ce désordre feroit d'autant plus grand, d'autant plus évident , qu'il s'étendroit jufques fur les vues que la nature s'eft pro-
pofées dans la multiplication des autres
animaux ; car elle eft fubordonnée , comme la nôtre , à celle des fubfiftances ; &
nous fommes les feules créatures par le
moyen defquelles les productions doivent fe multiplier pour l'avantage commun de tous les êtres qui font deftinés à
les confommer.

CEPENDANT cette multiplication de
fubfiftances ne peut s'opérer que par la
culture , & la culture n'eft poffible que
dans la fociété ; car il eft évident que perfonne ne cultiveroit fi perfonne n'avoit
la certitude morale de jouïr de la récolte ,
& que ce n'eft que dans la fociété que
cette certitude morale peut s'établir ,
parce qu'elle fuppofe des droits qui ,

comme on le verra dans la suite, ne peuvent avoir lieu qu'en société.

L'EXEMPLE des Lapons qui ne cultivent point, ne peut pas m'être objecté : chez eux la rigueur du climat s'oppose à la multiplication des hommes, parce qu'il s'oppose à la culture : aussi sont ils très-peu nombreux. Mais quelque foible que soit leur population, elle ne seroit point ce qu'elle est, & elle ne pourroit point se conferver dans le même état, si la société qui s'est établie parmi eux, ne leur assuroit la propriété de leurs troupeaux, & la liberté de les faire pâturer.

JE ne crains pas non plus qu'on aille chercher chez quelques peuples de l'Amérique, des arguments pour me prouver que l'ordre physique de la génération ne rend pas la culture nécessaire. Je fais qu'il en est qui ne cultivent point ou presque point, quoique leur sol & leur climat soient également heureux ; mais ils détruisent leurs enfans, égorgent les vieillards, emploient des remedes pour arrêter le cours naturel de la génération : leurs pratiques homicides font donc autant de preuves que je peux réclamer

pour établir, non pas qu'il ne peut exifter une fociété fans culture, mais que
dans les climats propres à la multiplication des hommes, il eft d'une néceffité
phyfique, d'une néceffité relative à leurs
befoins phyfiques & à l'ordre phyfique
de la génération, qu'ils foient Cultivateurs ou Meurtriers.

Je veux bien laiffer dans ce premier
moment la liberté d'inftituer une fociété
comme on le voudra ; je veux bien qu'elle ne foit point cultivatrice ; toujours
eft-il vrai que fi les hommes n'ont pas
formé entre eux une fociété quelconque,
de laquelle il puiffe réfulter une fûreté
contre la fupériorité de la force & fon
ufage arbitraire, il eft impoffible qu'un
homme puiffe faire des approvifionne-
ments, élever des troupeaux, en un mot,
s'affurer les moyens de fubfifter d'une automne à une autre automne. Par-tout où
il n'y auroit de droits que ceux de la
force, toute poffeffion ne pourroit être
que précaire & conditionnelle : un tel
état feroit un état de guerre perpétuelle
& néceffaire : quiconque ne croiroit pas
être feul, fe croiroit *néceffairement* en
danger, & *néceffairement* il faudroit qu'il

détruisît pour n'être pas détruit.

RIEN de plus simple, rien de plus évident que l'argument que je viens d'employer pour prouver la nécessité physique de la société : l'ordre physique de la génération nous montre que le genre humain est destiné par l'Auteur de la nature à une multiplication très-nombreuse ; cette multiplication cependant ne peut avoir lieu sans une abondance de subsistances relative & proportionnée à ses besoins ; or cette abondance ne peut naître que par le moyen de la culture qui ne peut s'établir sans la société : ainsi l'établissement de la société, comme moyen nécessaire à l'abondance des productions, est d'une nécessité physique à la multiplication des hommes, & fait partie de l'ordre de la création.

CHAPITRE II.

Premiere source du Juste & de l'Injuste absolus ; en quoi ils consistent ; leurs rapports avec la nécessité physique de la société ; droits & devoirs dont la nécessité & la justice sont absolues. Origine de la propriété personnelle & de la propriété mobiliaire ; ce qu'elles sont ; leurs rapports avec l'inégalité des conditions parmi les Hommes. Axiome qui renferme tout le Juste absolu.

La connoissance de la nécessité physique de la société nous conduit tout d'un coup à la connoissance du juste & de l'injuste *absolus*. Le juste *absolu* est une justice par essence, une justice qui tient tellement à la nature des choses, qu'il faudroit qu'elles cessassent d'être ce qu'elles qu'elles font, pour que cette juftice cefsât d'être ce qu'elle eft.

LE jufte *abfolu* peut être défini, *un ordre de devoirs & de droits qui font d'une néceffité phyfique, & par conféquent abfolue.* Ainfi l'injufte *abfolu* eft *tout ce qui fe trouve contraire à cet ordre.* Le terme d'*abfolu* n'eft point ici employé par oppofition à celui de *relatif*; car ce n'eft que dans le *relatif* que le jufte & l'injufte peuvent avoir lieu; mais ce qui, rigoureufement parlant, n'eft qu'un jufte *relatif* devient cependant un jufte *abfolu* par rapport à la néceffité abfolue où nous fommes de vivre en fociété.

QUOIQU'IL foit vrai de dire que chaque homme naiffe en fociété, cependant dans l'ordre des idées, le befoin que les hommes ont de la fociété, doit fe placer avant l'exiftence de la fociété. Ce n'eft pas parce que les hommes fe font réunis en fociété, qu'ils ont entre eux des devoirs & des droits réciproques; mais c'eft parce qu'ils avoient naturellement & *néceffairement* entre eux des devoirs & des droits réciproques, qu'ils vivent naturellement & *néceffairement* en fociété. Or ces devoirs & ces droits, qui dans l'ordre

phyſique ſont d'une néceſſité *abſolue* ,
conſtituent le juſte *abſolu*.

Je ne crois pas qu'on veuille refuſer
à un homme le droit naturel de pourvoir
à ſa conſervation : ce premier droit n'eſt
même en lui que le réſultat d'un premier
devoir qui lui eſt impoſé ſous peine de
douleur & même de mort. Sans ce droit,
ſa condition ſeroit pire que celle des animaux ; car ils en ont tous un ſemblable.
Or il eſt évident que le droit de pourvoir
à ſa conſervation renferme le droit d'acquérir, par ſes recherches & ſes travaux,
les choſes utiles à ſon exiſtence , & celui
de les conſerver après les avoir acquiſes.
Il eſt évident que ce ſecond droit n'eſt
qu'une branche du premier : on ne peut
pas dire avoir acquis ce qu'on n'a pas le
droit de conſerver : ainſi le droit d'acquérir & le droit de conſerver ne forment enſemble qu'un ſeul & même droit,
mais conſidéré dans des temps différents.

C'est donc de la nature même que
chaque homme tient la propriété *excluſive* de ſa perſonne , & celle des choſes
acquiſes par ſes recherches & ſes travaux.
Je dis la propriété *exclusive*, parce que ſi
elle n'étoit pas *exclusive* , elle ne ſeroit

pas un droit de propriété.

Si chaque homme n'étoit pas , *exclusi-vement* à tous les autres hommes , pro-priétaire de sa personne , il faudroit que les autres hommes eussent sur lui-même des droits semblables aux siens : dans ce cas on ne pourroit plus dire qu'un hom-me a le droit naturel de pourvoir à sa conservation ; lorsqu'il voudroit user d'un tel droit , les autres auroient aussi le droit de l'en empêcher ; son prétendu droit seroit donc nul ; car un droit n'est plus un droit, dès que les droits des autres ne nous laissent pas la liberté d'en jouïr.

Il y a long-temps que nous avons adopté l'axiome du Droit Romain , *Jus constituit necessitas* , & que sans connoî-tre la force & la justice de cette façon de parler , nous disons que *la nécessité fait la loi*. Cet axiome cependant renferme une grande vérité ; il nous apprend que ce qui est d'une nécessité *absolue* , est aussi d'une justice *absolue* ; & d'après cette mê-me vérité , nous devons faire le raison-nement que voici : Pour que chaque homme puisse remplir le premier devoir auquel il est assujetti par la nature ; pour qu'il puisse subsister enfin, il est d'une né-

ceſſité *abſolue* qu'il ait le droit de pourvoir à ſa conſervation : pour qu'il puiſſe
jouïr de ce droit , il eſt d'une néceſſité
abſolue que les autres n'ayent pas le droit
de l'en empêcher ; la propriété *excluſive*
de ſa perſonne , que déſormais j'appel-
lerai *propriété perſonnelle* , eſt donc pour
chaque homme un droit d'une néceſſité
abſolue ; & comme cette propriété perſonnelle *excluſive* ſeroit nulle ſans la propriété *excluſive* des choſes acquiſes par
ſes recherches & ſes travaux , cette ſeconde propriété *excluſive* à laquelle je
donnerai , dans la ſuite , le nom de *propriété mobiliaire* , eſt d'une néceſſité *abſolue* comme la premiere dont elle émane.

Nous voici déja bien avancés dans la
connoiſſance du juſte & de l'injuſte *ab-
ſolus :* une fois que nous voyons qu'il eſt
d'une néceſſité *abſolue* que dans chaque
homme ſa propriété perſonnelle & ſa
propriété mobiliaire ſoient *excluſives* ,
nous ſommes forcés de reconnoître auſſi,
dans chaque homme , des devoirs d'une
néceſſité *abſolue :* ces devoirs conſiſtent
à ne point bleſſer les droits de propriété
des autres hommes ; car il eſt évident que,
ſans les devoirs , les droits ceſſeroient
d'exiſter.

L'HOMME confidéré par rapport aux animaux , n'a point de *droits* , parce qu'entre eux & lui c'eft le pouvoir phy-fique qui décide de tout. L'idée qu'on doit fe former d'un *droit* ne peut s'ap-pliquer qu'aux rapports que les hommes ont *néceffairement* entre eux ; & dans ce point de vue, qui dit un *droit* , dit *une prérogative établie fur un devoir , & dont on jouït librement , fans le fecours de la fupériorité des forces , parce que toute force étrangere , quoique fupérieure , eft obligée de la refpecter.* Sans cette obligation ri-goureufe , l'homme endormi n'auroit aucun des *droits* de l'homme éveillé , ou plutôt perfonne n'auroit de *droits* , qu'en raifon de fon pouvoir phyfique , & la fociété ne fubfifteroit pas plus entre les hommes, qu'elle fubfifte entre eux & les bêtes féroces.

LE voilà donc , ce jufte *abfolu* , le voilà qui s'offre à nous dans toute fa fim-plicité : une fois que nous reconnoiffons la néceffité phyfique dont il eft que nous vivions en fociété , nous voyons évi-demment qu'il eft d'une néceffité , & conféquemment d'une juftice *abfolues* , que chaque homme foit *exclufivement* propriétaire de sa personne & des choses qu'il acquiert par ses recherches & ses travaux ; nous voyons évidemment qu'il est d'une nécessité & d'une justice *abfo-lues* que chaque homme se fasse un devoir de respecter les droits de propriété des autres hommes ; qu'ainsi parmi eux *il n'est point de droits sans devoirs*. J'ai même déja fait observer que cette regle est l'ordre primitif de la nature ; car dans cet ordre primitif, le droit de pourvoir nous-mêmes à notre conservation , sitôt que nos forces nous le permettent , est établi sur un devoir absolu , sur un devoir dont nous ne pouvons nous affranchir , que nous n'en soyons punis par la douleur & la destruction de notre individu.

CETTE derniere maxime du juste *ab-folu* nous montre encore *qu'il n'est point de devoirs sans droits* ; que ceux-là sont le principe & la mesure de ceux-ci ; que les devoirs enfin ne peuvent être établis dans la société, que sur la nécessité dont ils sont à la conservation des droits qui en résultent.

SI quelqu'un révoquoit en doute cette vérité , il ne me seroit pas difficile de l'en convaincre : un devoir, quel qu'il soit, prend sur la propriété personnelle qui doit être *exclusive* ; il est donc, par essence, incompatible avec cette proprieté, à moins qu'il ne lui soit utile. Il est évident que si ce devoir lui étoit onéreux sans lui être d'aucune utilité, celui qui seroit grévé de ce devoir, ne seroit plus *exclusivement* propriétaire de sa personne : ainsi ce devoir, qui offenseroit un droit naturel & conforme à la justice par essence, ne pourroit être rempli, qu'autant qu'on y seroit contraint par une force supérieure : dans cet état, tout se rameneroit au pouvoir physique, désordre destructif de toute société.

L'IDÉE d'un devoir qui ne seroit absolument qu'onéreux, présente une contradiction bien frappante ; car d'un côté elle suppose un devoir, & de l'autre côté nul droit pour l'exiger. En effet, un droit que la force seule établit, & qu'une autre force détruit, n'en est point un parmi les hommes. Tel seroit cependant le titre de ceux qui voudroient assujettir un homme à des devoirs qui ne seroient pour lui d'aucune utilité, & qui par conséquent détruiroient en lui ses droits de propriété.

REVENONS donc à l'ordre de la nature : là, nous trouvons que les devoirs sont *néceffairement* utiles ; qu'ils font la source & le fondement des devoirs qui nous font acquis, & qu'il nous importe de conferver ; que ces droits font des propriétés *exclufives* par effence ; que leur impofer un devoir quelconque qui n'eût rien d'avantageux pour elles, cè feroit les partager & par conféquent les détruire ; qu'ainfi elles ne peuvent fe concilier avec d'autres devoirs que ceux qui font conformes & néceffaires aux intérêts de ces mêmes propriétés *exclufives*. Nous pouvons donc renfermer tout le jufte *abfolu* dans un feul & unique axiome : POINT DE DROITS SANS DEVOIRS, ET POINT DE DEVOIRS SANS DROITS.

JE terminerai ce Chapitre par une obfervation fur l'inégalité des conditions parmi les hommes : ceux qui s'en plaignent ne voient pas qu'elle eft dans l'ordre de la juftice par effence : une fois que j'ai acquis la propriété *exclufive* d'une chofe, un autre ne peut pas en être propriétaire comme moi & en même temps. La loi de la propriété eft bien la même

pour

pour tous les hommes ; les droits qu'elle donne font tous d'une égale juftice, mais ils ne font pas tous d'une égale valeur, parce que leur valeur eft totalement indépendante de la loi. Chacun acquiert en raifon des facultés qui lui donnent les moyens d'acquérir ; or la mefure de ces facultés n'eft pas la même chez tous les hommes.

INDÉPENDAMMENT des nuances prodigieufes qui fe trouvent entre les facultés néceffaires pour acquérir, il y aura toujours dans le tourbillon des hafards, des rencontres plus heureufes les unes que les autres : ainfi par une double raifon, il doit s'introduire de grandes différences dans les états des hommes réunis en fociété. Il ne faut donc point regarder l'inégalité des conditions comme un abus qui prend naiffance dans les fociétés : quand vous parviendriez à diffoudre celles-ci, je vous défie de faire ceffer cette inégalité ; elle a fa fource dans l'inégalité des pouvoirs phyfiques, & dans une multitude d'événements accidentels dont le cours eft indépendant de nos volontés ; ainfi dans quelque fituation que vous fuppofiez les hommes, vous ne

Tome I.   C

pourrez jamais rendre leurs conditions égales, à moins que changeant les loix de la nature, vous ne rendiez égaux pour chacun d'eux, les pouvoirs phyfiques & les accidents.

JE conviens cependant que dans une fociété particuliere, ces différences dans les états des hommes peuvent tenir à de grands défordres qui les augmentent au-delà de leur proportion naturelle & néceffaire ; mais qu'en réfulte-t-il ? Qu'il faut fe propofer d'établir l'égalité des conditions ? Non;car il faudroit détruire toute propriété, & par conféquent toute fociété ; mais qu'il faut corriger les défordres qui font que ce qui n'eft point un mal en devient un, en ce qu'ils difpofent les chofes de maniere que la force place d'un côté tous les droits, & de autre tous les devoirs.

CHAPITRE III.

Formation des Sociétés particulieres ; comme elles sont d'une nécessité physique. Institution & nécessité physique de la propriété fonciere, des loix conséquentes à cette propriété, & d'une autorité tutélaire pour en assurer l'observation. Premieres notions du Juste absolu consideré dans les Sociétés particulieres. Comment la somme des droits & celle des devoirs se servent mutuellement de mesure dans ces Sociétés. Fondement naturel & unique de la véritable grandeur des Rois.

NOUS venons de voir qu'il a dû exister naturellement & *nécessairement* parmi les hommes une sorte de société universelle & tacite, dans laquelle chacun avoit des devoirs & des droits essentiels. Cette société primitive existoit par la seule connoiffance du befoin que les hommes avoient les uns des autres, & de la néceffité où ils étoient de s'impofer des devoirs réciproques pour s'affurer des droits réciproques qui intéreffoient leur exiftence. Dans ce premier état, les hommes venant à fe multiplier, les productions gratuites & fpontanées de la terre font bien-tôt devenues infuffifantes ; & ils ont été forcés d'être cultivateurs. Alors il a fallu que les terres fe partageaffent, afin que chacun connût la portion qu'il pourroit cultiver.

DE la néceffité de la culture a réfulté la néceffité du partage des terres ; celle de l'inftitution de la propriété fonciere; & le tout enfemble a opéré *néceffairement* la divifion de la fociété univerfelle & tacite en plufieurs fociétés particulieres & conventionnelles.

EN général, avant qu'une terre puiffe être cultivée , il faut qu'elle foit défrichée , qu'elle foit préparée par une multitude de travaux & de dépenfes diverfes qui marchent à la fuite des défrichements ; il faut enfin que les bâtiments néceffaires à l'exploitation foient conftruits, par conféquent que chaque pre-

mier Cultivateur commence par avancer à la terre des richeſſes mobiliaires
dont il a la propriété : or comme ces
richeſſes mobiliaires incorporées, pour
ainſi dire , dans les terres ne peuvent
plus en être ſéparées , il eſt ſenſible qu'on
ne peut ſe porter à faire ces dépenſes ,
que ſous la condition de reſter propriétaire de ces terres ; ſans cela la propriété
mobiliaire de toutes les choſes ainſi dé-
penſées ſeroit perdue. Cette condition a
même été d'autant plus juſte dans l'origine des ſociétés particulieres , que les
terres étoient ſans valeur vénale & ſans
prix , avant que les dépenſes les euſſent
rendues ſuſceptibles de culture.

D'APRE's la néceſſité phyſique de la
propriété fonciere il eſt aiſé de concevoir la néceſſité phyſique des ſociétés
particulieres : envain un homme eſt
conſtitué propriétaire d'une terre , il ne
peut ſe décider à faire les dépenſes néceſſaires pour la mettre en valeur, qu'autant qu'il eſt ſocialement certain qu'il
ſera pareillement propriétaire de la récolte que la culture de cette terre pourra procurer. Mais pour établir cette certitude ſociale en faveur des Propriétai-

C ij

res fonciers & des Cultivateurs , il a
fallu chercher les moyens de mettre les
récoltes à l'abri de tous les risques auxquels elles étoient *nécessairement* expo-
sées , jusqu'à ce qu'elles fussent enlevées
par ceux auxquels elles devoient appartenir. Les hommes se sont donc trouvés
dans la nécessité physique de se diviser
comme les terres mêmes ; de former des
sociétés particulieres , dans lesquelles les
uns fussent occupés de la culture , &
les autres de la sûreté des récoltes.

Il est sensible que l'institution de
ces sociétés particulieres n'a pû se faire
sans des conventions qui eussent un double objet : 1°. Celui d'assurer dans l'intérieur de chaque société , le sort des
Propriétaires fonciers , celui des Cultivateurs, & de tous ceux qui seroient
employés à la sûreté des récoltes ; 2°.
De mettre le corps entier de la société
en état de n'avoir rien à craindre au dehors de la part des sociétés voisines.
Alors , pour donner à ces conventions
une consistence solide , & remplir les
objets qu'on se proposoit par leur
moyen , il a fallu *nécessairement* instituer une autorité tutélaire , dans la pro-

tection de laquelle le corps focial trou-
vât les fecours & la garantie qu'il défi-
roit : nous verrons dans la fuite quelles
font les conditions effentielles pour que
cette autorité réponde néceffairement
aux vues de fon inftitution.

C'EST ainfi que la chaîne de nos befoins phyfiques fert à nous guider dans
la recherche du jufte abfolu : à mefure
qu'ils fe développent à nos yeux, la
néceffité phyfique de l'ordre auquel ils
nous affujettiffent *néceffairement*, fe rend
fenfible ; & cette néceffité phyfique ,
qui eft abfolue, nous fait connoître ce
qui eft d'une juftice abfolue.

DANS le premier état où le genre
humain fe préfente à nous, je veux dire, dans la fociété naturelle, univerfelle & tacite, nous appercevons clairement que l'homme ne peut exifter
fans la propriété exclufive de fa perfonne & des chofes acquifes par fes recherches & fes travaux ; que cette propriété étant la même dans tous les hommes, nous fommes ainfi forcés de reconnoître en chacun d'eux des devoirs
& des droits d'une néceffité & d'une
juftice abfolues.

Si-tôt que les progrès de la multiplication des hommes les obligent d'employer leur induſtrie à multiplier les
ſubſiſtances, le beſoin qu'ils ont de la
culture, les force d'inſtituer parmi eux
une propriété fonciere, qui devient
ainſi d'une néceſſité & d'une juſtice abſolues.

Dès le moment que cette troiſieme
ſorte de propriété devient néceſſaire à
l'exiſtence des hommes, la ſûreté dont
les récoltes ont beſoin pour que la culture ait lieu, contraint la ſociété générale de ſe diviſer en ſociétés particulieres; & dans ce ſecond état nous découvrons de nouvelles branches du juſte abſolu : nous voyons évidemment
que ces ſociétés particulieres ne peuvent exiſter ſans des conventions relatives à la ſûreté ſi eſſentielle aux récoltes ; qu'ainſi les conventions qui établiſſent cette ſûreté ſont d'une néceſſité
& d'une juſtice abſolues : nous voyons
évidemment que pour donner à ces
mêmes conventions la ſolidité qui leur
convient, il faut abſolument inſtituer
une autorité tutélaire ; par conſéquent
que d'un côté la protection que cette

autorité doit leur accorder, & de l'autre côté l'obéissance aux ordres de cette même autorité sont d'une nécessité & d'une justice absolues.

IL EST à propos de faire observer que la vérité de l'axiome qui embrasse tout le juste absolu, acquiert ici un nouveau degré d'évidence : à mesure que nous voyons nos devoirs s'accroître, nous voyons aussi nos droits s'accroître également. Dans le premier état des hommes ils n'avoient aucune sorte de propriétés communes ; leurs droits ne s'étendoient point au-delà de leurs propriétés exclusives tant personnelles que mobiliaires, & leurs devoirs ne les assujettissoient qu'à respecter entre eux ces mêmes propriétés, sans les obliger à se prêter des secours mutuels pour les défendre.

DANS leur second état les devoirs & les droits réciproques acquierent une extension proportionnelle qui les rend bien plus précieux à l'humanité. Les hommes, obligés de cultiver, se trouvent ainsi chargés d'un nouveau devoir que la nature leur impose ; de ce nouveau devoir on voit naître une nou-

velle forte de droits, ceux de la propriété fonciere qui affure celle des récoltes. Il eft vrai qu'elle met en quelque forte des bornes au droit primitif
que tous les hommes avoient de fe
procurer des fubfiftances par leurs recherches ; mais auffi chacun de ceux qui
jouïffent de ces nouveaux droits, eft
dans l'obligation de les acheter par des
dépenfes, & de partager ainfi avec les
autres hommes les avantages qu'il en
retire ; par ce moyen ceux auxquels on
impofe, comme un nouveau devoir,
l'obligation de refpecter les récoltes,
de veiller même à leur fûreté, fe trouvent acquérir, par ce devoir, un nouveau droit, celui de participer à ces
mêmes récoltes ; & ce nouveau droit
les dédommage amplement du devoir
qui en eft le titre conftitutif.

CE n'eft pas cependant que je veuille
dire que tous les hommes qui ne cultivent point, foient dans une égale obligation de veiller à la fûreté des récoltes, & qu'ils ayent un droit égal au
partage qui doit en être fait. Mais pour
tous ceux qui ne font point commis aux
fonctions relatives à cette fûreté, il eft

d'autres moyens d'acquérir le droit de participer à ces mêmes récoltes ; & ces moyens font toutes les ressources qu'ils peuvent trouver dans leur industrie, pour augmenter les jouissances du corps social : ils n'ont point à se plaindre d'avoir perdu le droit de recherche ; dès qu'ils se rendent utiles, les subsistances viennent les trouver ; ainsi en leur imposant le devoir de s'employer à l'utilité commune, on leur a donné des droits sur les produits de la culture ; & la maniere dont ils satisfont à ce devoir, est ce qui décide de l'étendue de leurs droits.

On observera sans doute que la nécessité physique de la propriété fonciere est la source où nous devons puiser toutes les institutions sociales qui constituent l'ordre essentiel des sociétés : de la nécessité de cette propriété, nous voyons naître la nécessité de la propriété des récoltes ; de celle-ci, la nécessité de les partager ; de cette troisieme, la nécessité des conventions ou des loix servant à régler ce partage ; de cette quatrieme, la nécessité de toutes les autres institutions indispensables pour donner de la confiftence à ces loix & aux droits qui en réfultent : nous voyons ainfi fe former la néceffité des Magiftrats pour être les organes des loix; celle d'une autorité tutélaire pour affurer l'obfervation des loix ; celle enfin de tout ce qui doit concourir à mettre cette autorité en état de produire les effets qu'on en attend. Je n'entrerai point, quant à préfent, dans le détail de toutes ces conféquences & des rapports néceffaires qu'elles ont entre elles ; je dirai feulement que la néceffité de la propriété fonciere étant celle à laquelle la néceffité de toutes les autres inftitutions eft fubordonnée, il en réfulte évidemment que le partage des récoltes doit être inftitué de maniere que l'état du Propriétaire foncier foit *le meilleur état focialement poffible.*

Plus nous examinerons les rapports que les hommes ont entre eux dans cette nouvelle fociété, & plus nous ferons convaincus que les nouveaux droits font établis fur de nouveaux devoirs, & que les nouveaux devoirs font établis fur de nouveaux droits : avant la formation des fociétés particulieres le droit de chaque homme confiſtoit, comme je viens de le dire, à ne point dépendre des autres, & ſon devoir ſe bornoit à ne point les aſſujettir à dépendre de lui. Il en eſt tout autrement dans les ſociétés particulieres : il s'y forme une chaîne de dépendances réciproques qui deviennent des droits & des avantages réciproques : chaque homme eſt dans l'obligation de concourir à garantir les propriétés des autres hommes, & ce devoir lui donne un droit qui met les autres hommes dans l'obligation de concourir à lui garantir les ſiennes ; pour donner de la conſiſtence à cette garantir mutuelle, il s'établit entre eux des propriétés communes, par le moyen deſquelles chacun multiplie naturellement & ſes pouvoirs & ſes jouïſſances ; ainſi par les nouveaux devoirs qu'il contracte, il acquiert de nouveaux droits, qui rendent *néceſſairement* ſa condition meilleure à tous égards.

CETTE balance de devoirs & de droits réciproques & proportionnels établis les uns ſur les autres ſe trouve être la même dans les devoirs & les droits de l'autorité tutélaire : ſi ſon droit eſt que les autres hommes lui obéiffent, fon devoir eft auffi d'affurer les propriétés des autres hommes ; c'eft par-ce qu'elle doit protection & sûreté, qu'on lui doit obéiffance & partage dans les récoltes. Nous retrouvons donc par-tout la vérité de notre axiome : POINT DE DROITS SANS DEVOIRS, ET POINT DE DEVOIRS SANS DROITS.

CE QUE je dis ici de l'autorité tutélaire nous conduit directement à nous former la plus haute idée de ceux qui en font les dépofitaires : on voit que cette autorité eft le premier lien du corps politique ; que celui qui l'exerce eft l'organe & le miniftre de la juftice par effence ; qu'il tient dans fa main le bonheur des hommes ; qu'en cela qu'il fait obferver conftamment un ordre de qui nous tenons tous les biens dont nous jouïffons, il ne fait que partager dans les richeffes qu'il procure ; il donne ainfi toujours plus qu'il ne reçoit ; il eft une divinité à laquelle on ne peut rien offrir qui ne faffe partie de fes bienfaits.

CHAPITRE IV.

Premiers principes de l'ordre essentiel des Sociétés particulieres. Définition de cet ordre essentiel. Il est tout entier renfermé dans les trois branches du droit de propriété. Sans cet ordre les Sociétés particulieres ne pourroient répondre aux vues de l'Auteur de la nature, & remplir l'objet de leur institution. Cet objet est de procurer au genre humain le plus grand bonheur & la plus grande multiplication possibles.

A PEINE avons-nous, pour ainsi dire, entrevu la nécessité physique des sociétés particulieres, que nous découvrons un *ordre essentiel*, un ordre dont elles ne peuvent s'écarter sans trahir leurs véritables intérêts, sans cesser même d'être sociétés. Ce que j'appelle un *ordre essentiel* est, en général, un enchaînement de moyens sans lesquels il est impossible de remplir l'objet qu'on s'est proposé. Ainsi l'objet *ultérieur* de la formation des sociétés particulieres, tel que nous l'appercevons dans les intentions de leur premier Instituteur, étant le bonheur & la multiplication des hommes, il devient évident que l'ordre essentiel des sociétés est *l'accord parfait des institutions sociales sans lesquelles ce bonheur & cette multiplication ne pourroient avoir lieu.*

Pour rendre ces vérités plus sensibles, il est à propos de développer les rapports qui se trouvent entre le bonheur & la multiplication des hommes. Par la raison qu'un homme n'apporte dans ce monde que des besoins ; qu'il doit y trouver les choses nécessaires à sa subsistance, & qu'il ne peut exister sans consommer, il est évident que les hommes ne peuvent se multiplier, qu'en proportion des productions qui doivent entrer dans leurs consommations. L'objet *immédiat* de l'institution des sociétés particulieres est donc la multiplication

cation des productions.

CET objet *immédiat* nous est manifesté par l'ordre physique, de maniere que personne ne peut le révoquer en doute : tout le monde voit évidemment que l'espece humaine est susceptible d'une multiplication bien supérieure au nombre d'hommes qui pourroient vivre des productions spontanées de la terre : tout le monde voit évidemment que la multiplication des productions est physiquement nécessaire ; qu'elle est possible, & même certaine, en remplissant, de notre part, les conditions dont l'ordre physique la fait dépendre : tout le monde voit évidemment que cette multiplication ne peut s'opérer sans la culture ; que la culture ne peut avoir lieu que dans les sociétés particulieres ; par conséquent que leur institution est dans les vues de la nature, comme un moyen dont elle a fait choix pour que la multiplication des hommes ne fût point arrêtée par un obstacle insurmontable, & qu'au-lieu de leur devenir funeste, elle servît à l'accroissement de leur bonheur.

AUX yeux du Créateur le bonheur

Tome I. D

des hommes à naître eft tout auffi préfent que celui des hommes qui font déja nés ; il pourvoit à l'un & à l'autre par les mêmes moyens , par l'inftitution des fociétés , par l'intérêt qu'elles ont pour elles-mêmes à multiplier les productions, par l'enfemble de toutes les difpofitions qui font dans la nature pour fervir leurs intentions à cet égard. Cette réflexion nous montre combien nous devons refpecter l'ordre qui nous réunit en fociété ; combien nous fommes coupables devant Dieu , lorfque nous nous écartons de cet ordre divin , & que nous arrêtons le cours naturel de la multiplication des hommes , en arrêtant celui de la multiplication des productions.

La multiplication & le bonheur des hommes font deux objets tellement enchaînés l'un à l'autre dans le fyftême de la nature qu'il n'eft fur la terre aucune puiffance qui ait le pouvoir de les féparer. Humainement parlant, le plus grand bonheur poffible confifte pour nous *dans la plus grande abondance poffible d'objets propres à nos jouiffances , & dans la plus grande liberté poffible d'en profiter*. Or cette grande abondance ne peut jamais exister sans une grande liberté ; car, comme il sera démontré dans le Chapitre suivant, c'est à la liberté que nous sommes redevables de tous les efforts que font les hommes pour provoquer cette abondance. Ainsi dès qu'il est reconnu que dans les vues de la nature la plus grande abondance possible des productions est l'objet immédiat de l'institution des sociétés particulieres, il devient évident qu'il est également dans ses vues que les hommes y jouïssent de la plus grande liberté possible, & conséquemment que les deux ensemble leur assurent le plus grand bonheur possible.

Non-seulement l'Auteur de la nature a voulu que la multiplication des hommes ne pût s'opérer que par les moyens institués pour les rendre heureux, mais encore que cette multiplication à son tour servît à l'accroissement de leur bonheur. C'est par un effet naturel de cette multiplication, que la terre s'est couverte d'une multitude de productions diverses, & que par la voie du commerce, chaque climat s'ap-

proprie, en quelque forte, les richeffes des autres climats ; c'eft à elle encore que nous fommes redevables des
progrès de notre intelligence & de notre induftrie , en un mot , de tout ce que
nous mettons en pratique pour varier
& multiplier nos jouïffances. Je fais que
parmi ces jouïffances il en eft beaucoup
dont la privation ne feroit point un malheur pour nous, fi elles nous étoient totalement inconnues ; mais cela n'empêche pas qu'il nous foit agréable de les
poffécer , & que ces jouïffances ajoutent à la fomme commune du bonheur
qui fe partage entre les hommes.

AUTRE chofe eft le malheur , autre
chofe la diminution du bonheur : ne
pas jouïr d'un bien qu'on ne connoît
pas , n'eft point un malheur ; mais c'eft
un bonheur de moins : par la même raifon connoître ce bien & en jouïr n'eft
point la ceffation d'un malheur , mais
c'eft un bonheur de plus. C'eft dans ce
fens qu'il faut entendre que la grande
multiplication des hommes leur devient
avantageufe ; ils pourroient fans elle
n'être pas malheureux ; mais ils en ont
befoin pour devenir plus heureux.

L'ORDRE essentiel à toutes les sociétés particulieres est donc *l'ordre des devoirs & des droits réciproques dont l'établissement est essentiellement nécessaire à la plus grande multiplication possible des productions , afin de procurer au genre humain la plus grande somme possible de bonheur, & la plus grande multiplication possible.* D'après cette définition de l'ordre essentiel, il devient évident qu'il n'est rien au monde qui puisse nous intéresser autant que la connoissance de cet ordre précieux ; mais ce qui nous prouve bien que l'Auteur de la nature a voulu que nous fussions heureux , c'est que tous les hommes sont appellés à cette connoissance : rien de si simple que l'ordre essentiel des sociétés ; rien de si facile à concevoir que les principes immuables qui le constituent ; ils sont tous renfermés dans les trois branches du droit de propriété ; il est aisé de le démontrer.

LA propriété personnelle est le premier principe de tous les autres droits : sans elle, il n'est plus ni propriété mobiliaire, ni propriété fonciere, ni société.

LA propriété mobiliaire, n'eſt, pour ainſi dire, qu'une maniere de jouïr de la propriété perſonnelle, ou plutôt c'eſt la propriété perſonnelle elle-même conſidérée dans les rapports qu'elle a néceſſairement avec les choſes propres à nos jouïſſances ; on eſt donc obligé de reſpecter, de protéger la propriété mobiliaire, pour ne pas détruire la propriété perſonnelle, la propriété fonciere & la ſociété.

LA propriété fonciere eſt établie ſur la néceſſité dont elle eſt aux deux premieres propriétés, qui ſans elle deviendroient nulles : dès qu'il y auroit plus d'hommes que de ſubſiſtances, le beſoin les mettroit dans le cas de s'entr'égorger, & alors il n'exiſteroit plus ni propriété mobiliaire, ni propriété perſonnelle, ni ſociété.

CES TROIS ſortes de propriétés ſont ainſi tellement unies enſemble qu'on doit les regarder comme ne formant qu'un ſeul tout dont aucune partie ne peut être détachée, qu'il n'en réſulte la deſtruction des deux autres. L'ordre eſſentiel à toute ſociété eſt donc de les conſerver toutes trois dans leur entier;

il ne peut rien admettre qui puiffe bleffer aucune de ces trois propriétés.

MAIS, me dira-t-on, n'y a-t-il pas d'autres inftitutions fociales qui font *néceffairement* partie de l'ordre effentiel des fociétés ? Cela eft vrai, mais elles n'y prennent place que comme conféquences néceffaires, & non comme premiers principes ; c'eft au droit de propriété qu'il faut remonter pour trouver la néceffité de ces inftitutions.

J'AI DIT, par exemple, dans le Chapitre précédent, que les fociétés particulieres n'avoient pu fe former fans des conventions relatives aux devoirs & aux droits qui réfultent *néceffairement* de la propriété fonciere, & qu'elles ne pouvoient fubfifter que par le moyen d'une autorité tutélaire propre à affurer l'exécution conftante de ces mêmes conventions. De-là s'enfuit que ces conventions ou ces loix, (car c'eft le nom qu'on doit leur donner), & une autorité tutélaire pour les faire obferver, prennent naiffance dans la néceffité phyfique de la propriété fonciere : faites difparoître cette propriété, il n'eft plus befoin ni de ces loix, ni de l'autorité

tutélaire ; il n'exiſte plus ni ordre ſocial ni véritable ſociété.

L'INSTITUTION de ces loix & celle
de cette autorité, ainſi que toutes les
autres inſtitutions qui réſultent néceſſairement de ces deux premieres, ont donc
un objet eſſentiel, un objet déterminé
par la propriété fonciere elle-même,
ou, ſi l'on veut, par la néceſſité abſolue dont elle eſt à la ſociété. Il eſt évident que cet objet eſſentiel n'eſt autre choſe que de conſolider les devoirs
& les droits réſuitants de cette propriété ; ainſi ces deux inſtitutions n'ajoû-
tent rien à l'ordre eſſentiel ; c'eſt cet ordre au contraire qui les fait ce qu'elles
font, & pour ſa propre conſervation.

L'ORDRE eſſentiel à toutes les ſociétés eſt l'ordre ſans lequel aucune ſociété
ne pourroit ni ſe perpétuer ni remplir
l'objet de ſon inſtitution. La baſe fonda-
mentale de cet ordre eſt évidemment le
droit de propriété, parce que ſans le
droit de propriété, la ſociété n'auroit
aucune conſiſtence, & ne ſeroit d'aucune utilité à l'abondance des productions.
Les autres parties de l'ordre eſſentiel ne
peuvent être que des conſéquences de
ce

ce premier principe ; il eſt ainſi de toute
impoſſibilité qu'elles ne ſoient pas parfaitement d'accord avec lui pour tendre
vers la plus grande multiplication poſſible des productions & des hommes , &
aſſurer le plus grand bonheur poſſible à
chacun de ceux qui vivent en ſociété.

CHAPITRE V.

De la liberté sociale ; en quoi elle consiste ; elle n'est qu'une branche du droit de propriété. Simplicité de l'ordre social par rapport à la liberté. Ses rapports nécessaires avec l'ordre physique de notre constitution & de la réproduction. Nécessité dont elle est à l'intérêt général d'une société.

J'AI DIT dans le Chapitre précédent qu'une grande abondance de productions ne pouvoit avoir lieu sans une grande liberté. Cette vérité, dont je n'ai point encore donné la démonstration, est tout à la fois d'une grande importance & d'une grande simplicité. N'est-il pas vrai qu'un droit qu'on n'a pas la liberté d'exercer, n'est pas un droit ? Il est donc impossible de concevoir un droit de propriété sans liberté.

LE DROIT de propriété, confidéré par rapport au propriétaire, n'eft autre chofe que le *droit de jouïr* ; or il eft évident que *le droit de jouïr ne peut exifter fans la liberté de jouïr.* De même auffi *la liberté de jouïr ne peut avoir lieu fans le droit de jouïr ;* elle le fuppofe *néceffairement ;* car fans le droit , la liberté n'auroit aucun objet, à moins d'admettre dans un homme la liberté de jouïr des droits d'un autre homme. Mais cette idée renfermeroit une contradiction bien évidente ; elle fuppoferoit dans le fecond des droits qu'il n'auroit point, puifqu'il ne pourroit les exercer ; ils appartiendroient au-contraire à celui qui auroit la liberté d'en jouïr.

PAR la raifon que le droit de jouïr & la liberté de jouïr ne peuvent exifter l'un fans l'autre , on doit les regarder comme ne formant qu'une feule & même prérogative qui change de nom , felon la façon de l'envifager. Ainfi on ne peut bleffer la liberté fans altérer le droit de propriété , & on ne peut altérer le droit de propriété , fans bleffer la liberté.

IL EST fenfible que par le terme de
E ij

liberté il ne faut point entendre cette liberté métaphyſique qui ne conſiſte que
dans la faculté de former des volontés ;
c'eſt la faculté, la liberté de les exécuter
dont il s'agit ici ; car ſans la ſeconde, la
premiere eſt abſolument inutile.

Un homme conſerve juſques dans
les fers la liberté métaphyſique de deſirer, de vouloir ; mais il n'a pas
alors la liberté *phyſique* de l'exécution.
Je donne à cette ſeconde liberté le nom
de *phyſique*, parce qu'elle ne ſe réaliſe
que dans les actes phyſiques qu'elle a
pour objet. Or il eſt évident que celle-
ci eſt la ſeule qui puiſſe intéreſſer la ſociété ; car dans la ſociété tout eſt phyſique ; auſſi eſt-ce ſur l'ordre phyſique
que l'ordre ſocial eſt eſſentiellement &
néceſſairement établi.

Telle eſt l'idée qu'on doit ſe former
de la liberté ſociale, de cette liberté qui
eſt tellement inſéparable du droit de propriété qu'elle ſe confond avec lui, &
qu'il ne peut exiſter ſans elle, comme
elle ne peut exiſter ſans lui. En effet,
qu'on dépouille un homme de tous droits
de propriété, je défie qu'on trouve en
lui veſtiges de liberté : d'un autre côté,

ſuppoſez quelqu'un qui ſoit privé de toute eſpece de liberté, je défie qu'on puiſſe dire qu'il lui reſte dans le fait & réellement aucun droit de propriété.

C'EST DONC à juſte titre que j'ai dit que ſans la liberté ſociale on ne pouvoit ſe promettre une grande abondance de productions. L'homme ne ſe met en action qu'autant qu'il eſt aiguillonné par le deſir de jouïr ; or le deſir de jouïr ne peut agir ſur nous, qu'autant qu'il n'eſt point ſéparé de la liberté de jouïr. Faites maintenant l'application de ces vérités aux opérations qui ſont néceſſaires pour provoquer une grande abondance de productions : il eſt certain que cette grande abondance ne peut s'obtenir que par de grandes dépenſes & de grands travaux. Mais qui eſt-ce qui peut porter les hommes à faire ces travaux & ces dépenſes, ſi ce n'eſt le deſir de jouïr ? & que peut ſur eux le deſir de jouïr, s'ils ſont privés de la liberté de jouïr ?

NE CHERCHONS point dans les hommes des êtres qui ne ſoient point des hommes : la nature, comme je l'ai déja dit, a voulu qu'ils ne connuſſent que deux mobiles, l'appétit des plaiſirs &

l'averfion de la douleur : il eft donc dans fes vues qu'ils ne foient pas privés de la liberté de jouïr ; car fans cette liberté le premier de ces deux refforts perd toute fa force , il devient abfolument nul. *De-fir de jouïr & liberté de jouïr, voilà l'ame du mouvement focial* ; voilà le germe fé-cond de l'abondance , parce que cet en-femble précieux eft le principe de tous les efforts que les hommes font pour fe la procurer.

La liberté fociale peut être définie *une indépendance des volontés étrangeres qui nous permet de faire valoir le plus qu'il nous eft poffible nos droits de propriété, & d'en retirer toutes les jouïffances qui peuvent en réfulter fans préjudicier aux droits de propriété des autres hommes.* Cet-te définition nous fait connoître com-bien eft fimple l'ordre effentiel des fo-ciétés : nous ne fommes plus embarraffés pour déterminer la portion de liberté dont chaque homme doit jouïr ; la me-fure de cette portion eft toujours évi-dente ; elle nous eft naturellement don-née par le droit de propriété : *telle eft l'étendue du droit de propriété , telle eft auffi l'étendue de la liberté.*

Les préjugés dans lesquels les hommes ont vieilli, ne manqueront pas de s'élever contre ce que je dis pour prouver la nécessité physique dont il est que les hommes jouissent en société de la plus grande liberté possible. Mais quels que que soient les sophismes qu'ils ayent à m'objecter, je peux y répondre par avance en établissant ici deux vérités : la premiere est que de la liberté il ne peut résulter que du bien ; la seconde que de la diminution de la liberté il ne peut résulter que du mal.

L'appétit des plaisirs ne cesse de nous porter vers le plus grand nombre possible de jouissances. Mais ce plus grand nombre possible n'est point une mesure connue : quelle que soit la somme de nos jouissances, nous cherchons toujours à les varier & à les augmenter encore. Cette tendance naturelle nous met dans le cas d'avoir besoin des autres hommes ; car ce n'est que par leurs secours que nous pouvons parvenir à cette augmentation de jouissances que nous désirons. Mais pour obtenir ces secours il faut en donner la valeur ; il faut avoir les moyens d'offrir jouissances pour

E iv

jouïſſances : ainſi nous ne pouvons jamais nous propoſer de jouïr ſeuls & ſé-
parément des autres ; il faut néceſſairement qu'ils ſoient aſſociés à l'accroiſſement de nos jouïſſances ou que nous
renoncions à cet accroiſſement.

La façon dont nous ſommes orga-
niſés nous montre donc que dans le ſyſtême de la nature chaque homme tend
perpétuellement vers ſon meilleur état
poſſible, & qu'en cela même il travaille
& concourt *néceſſairement* à former le
meilleur état poſſible du corps entier de
la ſociété. Or il eſt évident qu'il ne peut
conſerver cette direction ſi précieuſe à
l'humanité, qu'autant qu'il jouït de la
plus grande liberté ; ainſi la liberté d'un
ſeul eſt avantageuſe à tous ; on ne peut
l'en dépouiller, ſans lui occaſionner
des privations qui de proche en proche
viennent, comme un mal contagieux,
affecter tous les autres membres de la
ſociété.

On s'eſt imaginé cependant que l'intérêt général demandoit qu'on mît des
bornes factices à la liberté ; qu'on ne
permît pas aux hommes de mettre à profit toutes les jouïſſances que leur droit

de propriété pouvoit leur procurer. Cette idée est d'autant plus mal combinée, qu'elle met en opposition l'intérêt général avec les intérêts particuliers. Et qu'est-ce donc que l'intérêt général d'un corps, si ce n'est ce qui convient le mieux aux divers intérêts particuliers des membres qui le composent ? comment peut-il se faire qu'un corps gagne quand ses membres perdent ? Mais, me dira-t-on peut-être, la valeur des bénéfices que les uns procurent à la société par ce moyen, ne peut-elle pas surpasser la valeur des pertes que les autres éprouvent ? Non, cela est impossible ; car, comme on le verra dans la suite de cet ouvrage, ces prétendus bénéfices pour la société sont imaginaires, & les pertes très-réelles ; pertes même d'autant plus considérables, qu'elles se multiplient par leurs contre-coups, qui se font sentir jusques dans les parties qu'on a cru favoriser. Tels seront toujours & *nécessairement* les effets cruels de tout système qui, en blessant le droit de propriété, attaquera l'essence de la société.

VOULEZ-VOUS qu'une société parvienne à son plus haut degré possible de

richeffe, de population, & conféquemment de puiffance ? Confiez fes intérêts
à la liberté ; faites que celle-ci foit générale : au moyen de cette liberté, qui
eft le véritable élément de l'induftrie,
le defir de jouïr irrité par la concurrence,
éclairé par l'expérience & l'exemple ,
vous eft garant que chacun agira toujours pour fon plus grand avantage poffible , & par conféquent concourra de
tout fon pouvoir au plus grand accroiffement poffible de cette fomme d'intérêts
particuliers, dont la réunion forme ce
qu'on peut appeller l'intérêt général du
corps focial , ou l'intérêt commun du
chef & de chacun des membres dont ce
corps eft compofé.

CHAPITRE VI.

Essence, origine & caractères de l'ordre social ; il est une branche de l'ordre naturel qui est physique ; il est exclusif de l'arbitraire. L'ordre naturel & essentiel de la Société est simple, évident & immuable ; il constitue le meilleur état possible de la société, celui de chacun de ses membres en particulier, mais singuliérement du Souverain & de la souveraineté ; il renferme ainsi en lui-même les moyens de sa conservation.

PROPRIÉTÉ, & par conséquent sûreté & liberté de jouïr, voilà donc ce qui constitue l'essence de l'ordre naturel & essentiel de la société. Cet ordre n'est qu'une branche de l'ordre phy-

fique ; & par cette raison , fes principaux caracteres font de n'avoir rien
d'arbitraire ; d'être au-contraire fimple,
évident , immuable, le plus avantageux
poffible au corps entier d'une fociété,
& à chacun de fes membres en particulier.

IL NE FAUT pas confondre l'ordre
furnaturel avec l'ordre naturel : le premier eft l'ordre des volontés de Dieu,
connues par la révélation, & il n'eft fenfible qu'à ceux auxquels il a bien voulu
le manifefter. Le fecond au-contraire fe
fait connoître à tous les hommes par le
fecours des feules lumieres de la raifon.
L'autorité de cet ordre eft dans fon évidence, & dans la force irréfiftible avec
laquelle l'évidence domine & affujettit
nos volontés.

L'ORDRE naturel eft *l'accord parfait*
des moyens phyfiques dont la nature a fait
choix pour produire néceffairement les ef-
fets phyfiques qu'elle attend de leurs con-
cours. J'appelle ces moyens , *des moyens*
phyfiques , parce que tout eft phyfique
dans la nature ; ainfi l'ordre naturel,
dont l'ordre focial fait partie, n'eft, &
ne peut être autre chofe que l'ordre phyfique.

SI QUELQU'UN faifoit difficulté de reconnoître l'ordre naturel & effentiel de
la fociété pour une branche de l'ordre
phyfique, je le regarderois comme un
aveugle volontaire, & je me garderois
bien d'entreprendre de le guérir. En effet, c'eft fermer les yeux à la lumiere
que de ne pas voir que l'inftitution de la
fociété eft le réfultat d'une néceffité
phyfique ; qu'elle fe forme par un concours de caufes phyfiques ; qu'elle eft
compofée d'êtres phyfiques ; qu'elle agit
& fe maintient par des moyens phyfiques ; que les objets de fon établiffement
font phyfiques ; que les effets qui lui font
propres, font phyfiques ; qu'ainfi fon ordre primitif & effentiel eft phyfique ; car
ce n'eft que par les loix de l'ordre phyfique, que des caufes ou des moyens
phyfiques peuvent être liés à leurs effets
phyfiques.

CETTE VÉRITÉ une fois reconnue,
il en réfulte évidemment que l'ordre focial n'a rien d'arbitraire ; qu'il n'eft
point l'ouvrage des hommes ; qu'il eft
au-contraire inftitué par l'Auteur même de la nature, comme toutes les autres branches de l'ordre phyfique, qui

dans toutes fes parties eft abfolument &
toujours indépendant de nos volontés ;
par conféquent que les loix immuables
de cet ordre phyfique doivent être regardées comme étant , par rapport à nous,
la raifon primitive & effentielle de toute
·légiflation pofitive & de toutes les inftitutions fociales.

LA SIMPLICITÉ & l'évidence de cet
ordre focial font manifeftes pour quiconque veut y faire la plus légere attention : n'eft-il pas manifeftement évident
qu'il nous eft phyfiquement impoffible de vivre fans fubfiftances ? N'eft-
il pas manifeftement évident que les
hommes fe multipliant fuivant le cours
naturel de l'ordre phyfique , dans les
climats qui leur font propres , il eft
phyfiquement impoffible qu'ils ne manquent pas de fubfiftances , s'ils ne les
multiplient par la culture ? N'eft-il pas
ainfi manifeftement évident que toutes
les inftitutions fociales requifes pour que
la culture puiffe s'établir , deviennent
d'une néceffité phyfique ; par conféquent que la propriété fonciere , qui
donne le droit de cultiver , eft d'une néceffité phyfique ; que la propriété mo-

biliaire, qui assure la jouïssance de la récolte, est d'une nécessité physique ; que
la propriété personnelle, sans laquelle
les deux autres seroient nulles, est d'une
nécessité physique ; que les travaux &
les avances, sans lesquels les terres reste-
roient incultes, font d'une nécessité
physique ; que la liberté de jouïr, sans
laquelle ces travaux & ces avances n'auroient pas lieu, est d'une nécessité physique ; que la sûreté constante, sans laquelle le droit de propriété n'auroit aucune consistence, est d'une nécessité
physique ; que les institutions sociales,
sans lesquelles il n'y auroit ni sûreté ni
liberté de jouïr, font d'une nécessité
physique, d'une nécessité relative à l'ordre physique de la multiplication des
subsistances, & généralement de tous
les effets physiques qui par le moyen de
cette multiplication, doivent naturellement résulter de la société.

ON PEUT donc dire avec vérité, qu'il
n'est rien de plus simple, ni de plus évident que les principes fondamentaux &
invariables de l'ordre naturel & essentiel
des sociétés : pour les connoître dans
leur source naturelle, dans leur essence,

& même dans les conséquences pratiques
qui en résultent, il ne faut que connoître l'ordre physique : dès que cet ordre
est devenu évident, ces mêmes principes & leurs conséquences pratiques deviennent évidents pareillement. Aucune
puissance humaine ne s'avisera jamais de
faire des loix positives pour ordonner de
semer dans la saison propre à la récolte,
& de récolter dans la saison propre à semer.

Il en sera de même de toutes les
autres parties de l'ordre physique : si-tôt
qu'elles seront évidentes, leur évidence
déterminera *nécessairement* & invariablement l'ordre social que les loix positives doivent adopter, pour ne pas
préjudicier à la nation & encore plus
au Souverain ; je dis que cette évidence deviendra *nécessairement* législatrice, parce qu'alors on sera convaincu que cet ordre constitue le meilleur
état possible de tous ceux qui lui sont
assujettis ; que c'est de lui seul enfin
qu'on doit attendre tout ce qui peut
être un objet d'ambition pour les Souverains & pour leurs sujets.

J'ai déja dit qu'en général le plus
grand

grand bonheur poffible pour le corps
focial confiftoit *dans la plus grande abon-*
dance poffible d'objets propres à nos jouïf-
fances, & dans la plus grande liberté pof-
fible d'en profiter. J'ai fait voir que cette
grande abondance de jouïffances étoit
un effet néceffaire de l'établiffement du
droit de propriété, & que ce n'étoit que
dans cet établiffement qu'il falloit la
chercher : or il eft évident que ce qui
procure au corps focial fon meilleur état
poffible, procure auffi le même avantage à chacun de fes membres en particulier, puifque chacun d'eux eft appellé
par l'ordre même, à partager dans cette
fomme de bonheur qui leur appartient
en commun.

Pour prouver cette derniere propo-
fition, il fuffit de faire obferver qu'une
grande abondance de productions ne
peut acquérir une grande utilité, que
par le moyen de l'induftrie, & qu'il
eft néceffaire à une fociété, d'avoir une
claffe induftrieufe qui prête fes fecours
à la claffe cultivatrice, & qui achete
ainfi le droit de participer à l'abondance
des récoltes. Il eft donc évident que
les productions ne peuvent fe multi-

Tome I.   E

plier pour ceux qui en font les premiers propriétaires, qu'elles ne fe multiplient en même-temps pour tous les autres hommes qui travaillent à leur procurer les moyens de varier & d'augmenter leurs jouïffances; qu'ainfi l'aifance & le bonheur de ceux-ci s'accroît en raifon de l'aifance & du bonheur de ceux-là. Il eft évident enfin que la richeffe des récoltes annuelles eft la mefure de la population, & de tout ce qui conftitue la force politique d'une fociété ; par conféquent que l'accroiffement de fes richeffes à leur plus haut degré poffible, eft ce qui, dans l'ordre politique, établit fon meilleur état poffible, c'eft-à-dire, fa plus grande puiffance, & fa plus grande fûreté poffibles.

Mais un article bien important à remarquer, c'eft que le même ordre qui forme le meilleur état poffible de la fociété prife individuellement, & de chaque citoyen en particulier, eft bien plus avantageux encore au Souverain, à ce chef dans les mains duquel l'autorité tutélaire eft dépofée avec tous les droits qui s'y trouvent néceffairement attachés. Premiérement, en fa qualité

de Souverain, il eſt, comme je le démontrerai dans un autre moment, *Co-
propriétaire* du produit net des terres de
ſa domination : ſous ce point de vue
on peut le conſidérer comme étant,
dans ſon Royaume, le plus grand Propriétaire foncier; comme prenant la
plus grande part dans l'abondance des
productions; comme ayant ainſi le plus
grand intérêt perſonnel à la conſervation de l'ordre qui eſt la ſource de cette
abondance.

En ſecond lieu, cet intérêt commun
du Souverain comme *Copropriétaire*,
s'accroît encore en lui *comme Souverain*,
attendu que c'eſt à ſa ſouveraineté que
ce droit de Copropriétaire eſt attaché;
& que la puiſſance nationale lui eſt bien
plus néceſſaire pour la conſervation de
ſa ſouveraineté, qu'elle ne l'eſt à chacun de ſes ſujets pour la conſervation
de leurs propriétés particulieres.

UNE troiſieme & derniere conſidéra-
tion, que la ſeconde ſemble naturellement amener, c'eſt qu'une nation gouvernée par l'ordre naturel & eſſentiel de
la ſociété, en a *néceſſairement* une connoiſſance évidente, & par conſéquent

F ij

voit évidemment qu'elle jouït de son meilleur état possible. Or il ne se peut pas que ce coup d'œil ne réunisse toutes les volontés & toutes les forces de la nation au soutien de ce même ordre, & conséquemment pour défendre & perpétuer la souveraineté dans la main du chef qui n'emploie son autorité que pour le maintenir. Il est certain qu'une obéissance contrainte & servile ne ressemble point à celle qui est dictée par l'amour & par un grand intérêt qu'on trouve à obéir : la premiere n'accorde que ce qu'elle ne peut refuser ; la seconde vole au-devant du commandement, & ses efforts vont toujours beaucoup au-delà de ce qu'on croyoit pouvoir exiger d'elle.

Dans un gouvernement conforme à l'ordre naturel & essentiel des sociétés, tous les intérêts & toutes les forces de la nation viennent se réunir dans le souverain, comme dans leur centre commun ; celles-ci lui sont tellement propres & personnelles, que sa volonté seule suffit pour les mettre en action ; on peut dire ainsi que sa force est dans sa volonté. Mais dans un gouvernement

factice & contraire à cet ordre essentiel,
l'autorité du Souverain paroît être une
autorité étrangere, parce que le Souverain lui-même paroît être étranger :
il ne peut commander, qu'autant qu'il
est armé d'une force factice autre que
celle de la nation, attendu que c'est
moins à lui qu'à cette force empruntée,
que la nation obéit.

POUR faire comprendre la différence
énorme qui se trouve entre ces deux
manieres de gouverner, il suffit de faire
observer que dans l'ordre politique,
c'est toujours la partie la plus foible qui
gouverne la partie la plus forte, & que
la force de celui qui commande, ne
consiste réellement que dans les forces
réunies de ceux qui lui obéissent. Mais
cette réunion de leurs forces suppose
toujours & *nécessairement* la réunion de
leurs volontés ; réunion qui ne peut
avoir lieu, ou du-moins être constante,
qu'autant que chacun est intimement
convaincu que son obéissance est nécessaire pour lui assurer la jouïssance de
son meilleur état possible.

AINSI dans un gouvernement institué suivant les loix de l'ordre, les ri-

cheffes & les forces de la nation fe trouvent être dans leur plus haut degré poffible, & naturellement elles font toutes
dans la main du Souverain ; fa puiffance
eft à lui ; elle réfide en lui ; au-lieu que
dans un gouvernement d'un genre diffé-
rent, les forces de la nation font moins
à la difpofition du Souverain, qu'aux
ordres de ceux qui lui louent leur miniftere, & lui vendent ainfi les moyens
de fe faire obéir par la nation : alors fa
puiffance précaire, incertaine & chan-
celante n'eft au fonds qu'une véritable
dépendance : il eft lui-même dans des
fers qu'il n'oferoit entreprendre de bri-
fer.

D'APRÈS ce parallele, il eft aifé de
juger combien le Souverain en particulier eft intéreffé à la confervation de
l'ordre naturel & effentiel de la fociété.
Cet ordre qui conftitue le meilleur état
poffible du corps focial, le meilleur
état poffible de chacun de fes membres,
le meilleur état poffible de la fouveraineté, le meilleur état poffible du Souverain, fous quelques rapports qu'on
l'envifage, renferme donc en lui-même
le principe de fa durée : il fuffit qu'il

foit connu pour qu'il s'établiffe, & qu'il foit établi pour qu'il fe perpétue : tous les intérêts, par conféquent toutes les forces qui fe réuniffent en fa faveur, répondent à jamais de fa confervation ; & à ce trait nous devons reconnoître encore l'ordre focial comme étant une branche de l'ordre naturel & univerfel ; car le propre de l'ordre eft de fe perpétuer de lui-même, par la fageffe & la puiffance d'un enchaînement qui affujettit les caufes à produire toujours les mêmes effets, & les effets à devenir caufes à leur tour.

CHAPITRE VII.

Suite du Chapitre précédent : ex-
position sommaire de la théorie
de l'ordre. Simplicité & évi-
dence non - seulement de ses
principes , mais encore de
leurs conséquences. La con-
noissance des premiers princi-
pes de l'ordre nous suffit pour
que toute pratique qui contre-
dit une seule de ses conséquen-
ces , soit pour nous un désor-
dre évident.

Pour mieux caractériser encore la
simplicité & l'évidence de l'ordre essentiel des sociétés ; je crois devoir rassem-
bler ici sous un même point de vue les
premieres principes de cet ordre , & les
conséquences qui en résultent *nécessaire-*
ment , sans cependant me laisser entraîner dans le détail de toutes les pratiques , de toutes les institutions sociales
dont

dont ces mêmes conséquences établiſſent la néceſſité. L'expoſé de cette théorie de l'ordre eſſentiel achevera de prouver qu'il n'a rien de myſtérieux, rien qui ne ſoit à la portée de tout homme qui voudra le méditer avec quelque attention.

EN EFFET, qui ſont ceux qui ne ſentent ni ne comprennent qu'ils ſont nés avec le devoir & le droit de pourvoir à leur conſervation ; que la propriété perſonnelle eſt un droit naturel en eux, un droit qui eſt *néceſſairement* donné à tout ce qui reſpire, un droit qui eſt eſſentiel à leur exiſtence, & dont ils ne peuvent être dépouillés ſans injuſtice, parce qu'il eſt abſolu, comme le devoir même ſur lequel il eſt établi? Qui ſont ceux qui ne ſentent ni ne comprennent, que ſi ce droit les met dans un état de guerre néceſſaire avec les brutes, c'eſt parce qu'entre l'eſpece humaine & les brutes aucun traité ne peut avoir lieu ? mais qu'il n'en eſt pas ainſi des hommes entre eux ; qu'il leur importe à tous de ne point ſe rendre ennemis les uns des autres en violant un droit qui leur eſt à tous également acquis ; que cet intérêt naturel & commun leur impoſe une obligation

naturelle & commune de refpecter réciproquement dans les êtres de leur efpece ce premier droit de propriété ;
que par la force de cet intérêt commun,
il fubfifte naturellement entre les hommes une forte de fociété univerfelle &
tacite dont toutes les loix dérivent de
la propriété perfonnelle , & dont l'objet eft que chacun jouïffe librement de
cette propriété.

VOILA donc déja le premier principe
de l'ordre focial dont la connoiffance
évidente n'exige de nous aucun effort
de raifon : la propriété perfonnelle eft
d'une juftice & d'une néceffité qui fe
rendent fenfibles pour tous les hommes ;
or il eft certain que dès qu'ils tiennent ce
premier principe de l'ordre , il leur eft
facile de faifir le fecond ; de fentir & de
comprendre la juftice & la néceffité de
la propriété mobiliaire, qui n'eft qu'un
acceffoire de la perfonnelle ; que de-là ,
ils arrivent naturellement à fentir &
comprendre la juftice & la néceffité de
la propriété fonciere , qui prend naiffance dans les deux premieres propriétés ; qu'enfin ils ont tout ce qu'il leur
faut pour fentir & comprendre la jufti-

ce & la néceffité de la liberté fociale, de cette liberté de jouïr, fans laquelle on voit s'évanouir tous droits de propriété, & par conféquent toute fociété. Certainement vous n'en trouverez pas un qui ne conçoive très-bien qu'il ne doit point avoir la liberté de jouïr des droits des autres ; que dans chaque homme le droit de jouïr & la liberté de jouïr font inféparables ; & qu'ainfi la propriété eft la mefure de la liberté, comme la liberté eft la mefure de la propriété.

DE CES premiers principes paffons aux conféquences ; nous y trouverons la même fimplicité, la même évidence. Si-tôt qu'on a compris la néceffité de la propriété fonciere, on eft forcé naturellement de convenir que cette propriété doit *néceffairement* donner celle des récoltes ; qu'il eft d'une néceffité abfolue que la sûreté fociale de cette double propriété foit folidement inftituée ; en conféquence, que les forces de la fociété fe réuniffent pour l'établir.

QU'IL eft d'une néceffité abfolue que la sûreté des récoltes foit payée à ceux qui la procurent ; & que le devoir de les protéger assure aux protecteurs le droit de les partager entre eux, les cultivateurs & les propriétaires fonciers.

Qu'il est d'une nécessité absolue qu'il soit institué des loix tant par rapport à la maniere d'établir la sûreté des récoltes, que pour régler le partage qui doit en être fait entre ceux qui les font naître par leurs dépenses, & les autres hommes sans le secours desquels ces dépenses ne seroient point faites, faute de sûreté pour leurs produits.

Qu'il est d'une nécessité absolue que ce partage soit réglé de façon que les produits engagent à faire les dépenses nécessaires pour les faire renaître ; conséquemment que les hommes ne voyent rien de mieux pour leurs intérêts particuliers, que de s'occuper du défrichement & de la culture des terres, ainsi que des moyens de les fertiliser.

Qu'il est d'une nécessité absolue que les proportions qui doivent être observées dans ce partage, soient stables & permanentes, afin que d'un côté le prix de la sûreté des récoltes soit toujours payé par les propriétaires, & que d'un

autre côté les autres hommes ne détruisent pas la propriété fonciere , & ne
tarissent pas ainsi la source primitive des
récoltes , en empiétant arbitrairement
sur les droits de cette propriété.

QU'IL est d'une nécessité absolue
que les droits de propriété ayent des
bornes connues , qui ne permettent à
qui que ce soit d'étendre arbitrairement
les siens aux dépens de ceux des autres ;
car cet état seroit un état de guerre destructif de la société , parce qu'il le seroit
de la propriété.

QU'IL est d'une nécessité absolue que
la liberté de jouïr ne soit ainsi limitée
dans chaque homme, que par le droit de
propriété & la liberté des autres hommes ; & qu'à cet égard il ne soit pas
possible à l'arbitraire de jamais s'introduire dans les prétentions.

QU'IL est d'une nécessité absolue que
des loix positives constatent les devoirs
& les droits réciproques des hommes ,
& les consolident d'une telle maniere ,
que la propriété & la liberté ne puissent
jamais être blessées impunément.

QU'IL est d'une nécessité absolue que
ces loix n'ayent elles-mêmes rien d'arbi-

G iij

traire, & ne foient *évidemment* que l'expreffion de la juftice par effence, afin
que cette évidence rende publique la
néceffité de la foumiffion à ces loix, &
qu'elles ne foient pas elles-mêmes coupables des défordres qu'elles fe propofe-
roient de prévenir.

Qu'il eft d'une néceffité abfolue que
ces loix foient immuables, parce que
la juftice par effence eft immuable ;
qu'elles foient encore fi fimples & fi
claires dans leur énonciation, que l'arbitraire ne puiffe fe gliffer dans la maniere de les interpréter ou d'en faire
l'application.

Qu'il eft d'une néceffité abfolue que
la plénitude de l'autorité foit tellement
acquife à ces loix, que dans aucun temps
leur obfervation ne puiffe dépendre
d'aucune volonté arbitraire, fans quoi
elles cefferoient d'être des loix ; les devoirs cefferoient d'être des devoirs, les
droits d'être des droits, & la fociété
d'être une fociété.

Qu'il eft d'une néceffité abfolue
qu'elles ayent pour organe, des Magiftrats, qui n'ayant d'autre autorité
que celle des loix, ne puiffent avoir d'au-

tres volontés, & qui soient ainsi toujours dans l'impossibilité de parler autrement que les loix.

QU'IL est d'une nécessité absolue que ces Magistrats ne puissent, sous aucun prétexte, trahir leur ministere, & s'écarter de la fidélité inviolable que, par état, ils doivent aux loix, & d'une façon plus particuliere encore que tous les autres sujets des loix.

QU'IL est d'une nécessité absolue que pour le maintien de l'autorité des loix, elles soient armées d'une force coercitive, & qu'à cet effet il existe une puissance tutélaire & protectrice, dont la force, toujours supérieure, soit le garant de l'observation invariable des loix.

QU'IL est d'une nécessité absolue que cette force supérieure soit unique dans son espece, par la raison que la supériorité qui lui est essentielle, est absolument exclusive de toute égalité.

QU'IL est d'une nécessité absolue que cette supériorité de force soit établie sur un fondement inébranlable ; par conséquent que le principe constitutif de cette force soit de nature à ne jamais permettre qu'elle puiffe fe décompofer ; qu'ainfi ce principe ne peut rien admettre qui ne foit évident ; tout ce qui ne l'eft pas , étant *néceffairement* fujet à changer , parce qu'il eft *néceffairement* arbitraire.

Qu'il eft enfin d'une néceffité abfolue que cette puiffance tutélaire & protectrice des loix ne puiffe jamais devenir deftructive des loix ; qu'ainfi il faut que tout foit difpofé pour que fes plus grands intérêts foient toujours & *évidemment* inféparables de l'obfervation des loix , & que la force irréfiftible de cette évidence la tienne dans l'heureufe impoffibilité d'avoir d'autres volontés que celles des loix.

Je ne porterai pas plus loin quant à préfent les conféquences qui réfultent fucceffivement de la propriété perfonnelle ; celles qui viennent de s'offrir naturellement à nous , & qui font fufceptibles d'être faifies par tous ceux aufquels on les préfentera , forment ce que nous pouvons nommer la théorie de l'ordre effentiel des fociétés , & font une preuve bien convaincante que cet ordre eft fimple & évident. Cette théo-

rie a deux grands avantages : le premier
eſt qu'elle eſt ſuffiſante pour nous faire
connoître toutes les inſtitutions ſociales
qui conviennent à ce même ordre eſſentiel ; le ſecond eſt que ces conſéquences
ſont tellement enchaînées les unes aux
autres , & tellement liées aux premiers
principes de l'ordre , qu'on ne peut ,
dans la pratique , contrarier aucune d'entre elles , que le déſordre né ſoit auſſi-
tôt évident pour tous ceux qui connoiſ-
ſent ſeulement ces premiers principes.
En effet quel que ſoit l'abus qui bleſſe
une ſeule de ces conſéquences , il eſt
impoſſible qu'il ne faſſe violence au
droit de propriété & à la liberté; or il eſt
impoſſible auſſi que ce déſordre puiſſe
avoir lieu , ſans qu'il ſoit évident aux
yeux de quiconque ſait que la propriété
& la liberté ſont le fondement de l'ordre eſſentiel des ſociétés.

CHAPITRE VIII.

Des moyens nécessaires pour établir l'ordre & le perpétuer ; ils sont tous renfermés dans une connoissance suffisante de l'ordre. L'évidence est le premier caractere de cette connoissance, & sa publicité est le second. Nécessité de l'instruction publique, des livres doctrinaux dans ce genre, & de la plus grande liberté possible dans l'examen & la contradiction.

IL EST SENSIBLE que l'ordre naturel & essentiel des sociétés ne peut s'établir s'il n'est suffisamment connu ; mais aussi par la raison qu'il constitue notre meilleur état possible, il est sensible encore que sitôt qu'il est connu, son établissement doit être l'objet commun de l'ambition des hommes ; qu'il s'établit alors *nécessairement*, & qu'une fois qu'il est établi, il doit *nécessairement* se perpétuer. Je dis qu'il s'établit & se perpétue *nécessairement*, parce que l'appétit des plaisirs, ce mobile si puissant qui est en nous, tend naturellement & toujours vers la plus grande augmentation possible de jouissances, & *que le propre du desir de jouïr est de saisir les moyens de jouïr*. Les hommes ne peuvent donc connoître leur meilleur état possible, que toutes les volontés & toutes les forces ne se réunissent pour se le procurer & se l'assurer. Ainsi ne croyez pas que pour établir cet ordre essentiel, il faille changer les hommes & dénaturer leurs passions; il faut au-contraire intéresser leurs passions, les associer à cet établissement; & pour y réussir, il suffit de les mettre dans le cas de voir *évidemment* que c'est dans cet ordre seulement qu'ils peuvent trouver la plus grande somme possible de jouissances & de bonheur.

MAIS l'ordre naturel & essentiel des sociétés, considéré dans toutes les institutions sociales qui résultent successivement de la nécessité absolue de maintenir la propriété & la liberté, eſt un enſemble parfait, compoſé de différentes parties qui ſont toutes également néceſſaires les unes aux autres ; nous ne pouvons rien en détacher, ni rien y ajouter qu'à ſon préjudice & au nôtre. Il eſt donc certain qu'il ne peut être réputé ſuffiſamment connu d'une ſociété, qu'autant qu'il l'eſt dans toutes ſes branches, & dans tous les rapports qu'elles ont entre elles ; qu'ainſi le premier caractere d'une connoiſſance ſuffiſante de l'ordre eſt d'être *explicite & évidente* ; car c'eſt préciſément dans l'harmonie parfaite de ces rapports, dans la juſteſſe des moyens qui les enchaînent & les ſubordonnent les uns aux autres, que réſide l'évidence de l'ordre : par conſéquent la connoiſſance *évidente*, parce qu'elle ne peut être qu'une connoiſſance *explicite* d'un enchaînement *évident*.

DE MESME que *tout ce qui n'eſt pas vérité n'eſt qu'erreur*, de même auſſi *tout ce qui n'eſt pas évidence n'eſt qu'opinion* ; & tout ce qui n'eſt qu'opinion eſt arbitraire & ſujet au changement. Il eſt donc évident que de ſimples opinions ne peuvent ſuffire à l'établiſſement de l'ordre naturel & essentiel des sociétés : on ne peut élever un édifice solide sur un sable mouvant ; & il est impossible qu'un ordre qui ne comporte rien d'arbitraire, qui est & doit être immuable , puisse avoir pour base un principe arbitraire , & d'autant plus inconstant, que quelque sage qu'on puisse supposer une opinion , dès qu'elle n'est point évidente, elle n'est jamais qu'une opinion ; une autre opinion , fût-elle extravagante , peut la combattre & la renverser.

CETTE derniere proposition indique clairement ce que j'entends ici par le mot *d'opinion :* je n'ai nul égard à la justesse ou à la fausseté des idées qui concourent à la former ; quelle que soit une croyance , une façon de penser, je l'appelle *opinion* , dès qu'elle n'est point le produit de l'évidence ; ainsi l'opinion est ici l'opposé de l'évidence , & rien de plus.

ENTRE la certitude & le doute il n'y a point de milieu ; & il ne peut y avoir de certitude sans l'évidence : quel que soit l'objet de la certitude, si nous n'avons nous-mêmes une connoissance évidente de cet objet, il faut du-moins que

nous ne puiſſions pas douter qu'il eſt évident pour ceux ſur les témoignages deſ-
quels nous fondons notre certitude.
Ainſi c'eſt toujours de l'évidence que
la certitude réſulte ou médiatement ou
immédiatement : ou elle eſt dans l'évidence qui nous eſt propre , ou elle tient
à l'évidence qui eſt dans les autres.

CETTE obſervation nous montre
bien clairement que l'ordre naturel &
eſſentiel des ſociétés ne peut jamais s'é-
tablir parmi des hommes qui ne ſeroient
pas parvenus à en avoir une connoiſſance évidente ; & qu'il n'y a qu'une connoiſſance évidente qui puiſſe écarter le
doute, l'incertitude, l'arbitraire & l'inconſtance qu'il eſt impoſſible d'accorder
avec l'immutabilité de cet ordre naturel
& eſſentiel.

LE ſecond caractere de la connoiſſance de l'ordre eſt la publicité ; & cela réſulte de ce que l'ordre, comme je viens
de le dire , ne peut être ſolidement établi, qu'autant qu'il eſt ſuffiſamment connu. Si dans une ſociété il ne ſe trouvoit
que quelques hommes ſeulement qui
euſſent une connoiſſance évidente de
l'ordre , tant que la multitude reſteroit

dans des opinions contraires, il seroit impossible à l'ordre de gouverner ; il commanderoit en vain, il ne seroit point obéi.

DE quelque maniere qu'une société se partage entre la connoissance évidente de l'ordre & l'ignorance, toujours est-il vrai que si la premiere classe, la classe éclairée, n'est pas physiquement la plus forte, elle ne pourra dominer la seconde & l'assujettir constamment à l'ordre ; qu'enfin l'autorité de cette premiere classe ne pouvant alors se maintenir qu'en raison de la force physique qui lui est propre, son état sera perpétuellement un état de guerre intestine d'une partie de la nation contre une autre partie de la nation.

PAR le mot de *guerre intestine* je ne désigne pas seulement celle qui se fait à main armée & à force ouverte ; mais j'entends parler encore de ces brigandages clandestins & déguisés sous des formes légales, de ces pratiques ténébreuses & spoliatrices qui immolent autant de victimes que l'artifice peut leur en ménager ; de tous les désordres en un mot, qui tendent à rendre tous les inté-

rêts particuliers ennemis les uns des autres , & entretiennent ainſi parmi les
membres d'un même corps politique,
une guerre habituelle d'intérêts contradictoires, dont l'oppoſition & les efforts
briſent tous les liens de la ſociété. Cette
ſituation eſt d'autant plus affreuſe , qu'à
l'exception de la force ſupérieure & dominante de l'évidence, il n'eſt point dans
la nature de force égale à celle de l'opinion ; elle eſt terrible dans ſes écarts ; &
il n'eſt aucuns moyens par leſquels on
puiſſe s'aſſurer de la contenir toujours
dans le devoir , dès qu'elle eſt livrée à
ſa propre inconſtance & à la ſéduction.

JE NE PRÉTENDS pas cependant qu'il
faille que tous les membres d'une ſociété , ſans aucune exception , ayent une
connoiſſance également *explicite* de tous
les rapports que toutes les différentes
branches de l'ordre ont entre elles. Je
veux dire ſeulement que l'ordre ne peut
complettement & ſolidement s'établir,
qu'autant qu'on ne néglige aucune des
inſtitutions ſociales qui ſont néceſſaires
à ſa conſervation ; que toutes ces différentes inſtitutions ne peuvent être adoptées que d'après la connoiſſance *explicite*
                                    qu'on

qu'on a de leur enchaînement & de leur nécessité ; que cette connoissance *expli-cite* ne peut produire son effet, qu'autant qu'elle est assez publique, pour que la masse des volontés & des forces qu'elle réunit, forme une force absolument dominante dans la société.

PRENEZ GARDE que par le terme d'une force absolument dominante, je n'entends point caractériser cet état violent d'une domination établie sur la seule supériorité de la force physique. Cette force dominante dont il s'agit ici a l'avantage de n'avoir à vaincre aucune opposition : les hommes qui n'ont point comme elle, une connoissance explicite de l'ordre considéré dans tous ses rapports, n'ont point la prétention de lui résister & de gouverner ; il leur suffit que dans les regles qu'elle établit, ils ne voient rien de contradictoire avec les premiers principes de l'ordre, & les droits qui en résultent évidemment & invariablement pour chacun d'eux en particulier ; d'ailleurs ils ne peuvent jamais manquer de se rallier d'eux-mêmes à cette force dominante, parce qu'il leur est impossible de ne

Tome I. H

pas reconnoître la fageffe & la néceffité
de fes inftitutions, dans les bons effets
qu'elles produifent *néceffairement* en faveur de la propriété & de la liberté.

LA PUBLICITÉ que doit avoir la connoiffance évidente de l'ordre, nous conduit à la néceffité de l'inftruction publique. Quoique la foi foit un don de Dieu,
une grace particuliere, & qu'elle ne
puiffe être l'ouvrage des hommes feuls,
on n'en a pas moins regardé la prédica-
tion évangélique comme néceffaire à la
propagation de la foi : pourquoi donc
n'auroit-on pas la même idée de la publication de l'ordre, puifque cette pu-
publication n'a pas befoin d'être aidée
par des graces & des lumieres furnatu-
relles ? L'ordre eft inftitué pour tous les
hommes, & tous les hommes naiffent
pour être foumis à l'ordre ; il eft donc
dans l'ordre qu'ils foient tous appellés à
la connoiffance de l'ordre ; auffi ont-ils
tous une portion fuffifante de lumieres
naturelles par le moyen defquelles ils
peuvent s'élever à cette connoiffance.

PAR la raifon qu'il eft dans l'ordre
que tous les hommes connoiffent l'ordre, il eft dans l'ordre auffi qu'ils ap-

prennent tous à le connoître ; or ils ne peuvent y parvenir que par le moyen de l'inſtruction. Perſonne n'ignore combien l'intelligence d'un homme a beſoin d'être aidée par celles des autres hommes : tant qu'elle reſte abſolument iſolée, elle eſt ſans force, ſans vigueur ; elle languit comme une plante privée de toute chaleur & ſéparée des principes de la végétation.

JE N'ENTRERAI point ici dans les détails des établiſſemens néceſſaires à l'inſtruction : je me contenterai de dire qu'ils font partie de la forme eſſentielle d'une ſociété, & qu'ils ne peuvent être trop multipliés, parce que l'inſtruction ne peut être trop publique. J'ajouterai cependant que l'inſtruction verbale ne ſuffit pas ; qu'il faut des livres doctrinaux dans ce genre, & qui ſoient dans les mains de tout le monde. Ce ſecours eſt d'autant plus néceſſaire, qu'il eſt ſans inconvénient ; car l'erreur ne peut ſoutenir la préſence de l'évidence : auſſi la contradiction n'eſt-elle pas moins avantageuſe à l'évidence, que funeſte à l'erreur, qui n'a rien tant à redouter que l'examen.

Ce que je dis ici fur la néceffité des livres que j'appelle doctrinaux, & fur la liberté qui doit régner à cet égard, eft pris dans la nature même de l'ordre & de l'évidence qui lui eft propre : ou l'ordre eft parfaitement & évidemment connu, ou il ne l'eft pas : au premier cas, fon évidence & fa fimplicité ne permettent pas qu'il puiffe fe former des héréfies fur ce qui le concerne ; au fecond cas, les hommes ne peuvent arriver à cette connoiffance évidente que par le choc des opinions : il eft certain qu'une opinion ne peut s'établir que fur les ruines de toutes celles qui lui font contraires ; il eft certain encore que toute opinion qui n'a pas l'évidence pour elle, fera contredite jufqu'à ce qu'elle foit ou détruite, ou évidemment reconnue pour une vérité, auquel cas, elle ceffera d'être une fimple opinion pour devenir un principe évident. Ainfi dans la recherche des vérités fufceptibles d'une démonftration évidente, le combat des opinions doit néceffairement conduire à l'évidence, parce que ce n'eft que par l'évidence qu'il peut être terminé.

Si quelqu'un s'avifoit d'écrire pour

faire croire aux hommes qu'ils peuvent
se passer de subsistances ; qu'ils doivent faire des ouvrages sans matieres
premieres ; que changer de lieu c'est se
multiplier , ou quelqu'autre sottise sem-
blable , il seroit fort inutile que l'autorité politique s'employât pour empêcher qu'un tel livre fît quelque sensation
dans la société : aussi , loin de s'en mettre en peine , se reposeroit-on sur l'é-
vidence des vérités contraires à ces erreurs , persuadé qu'elle se suffiroit à elle-
même, & qu'elle triompheroit sans violence de tous les efforts ridicules qu'on
voudroit lui opposer.

IL EST tellement nécessaire de laisser
au corps entier de la société la plus grande liberté possible de l'examen & de la
contradiction ; il est tellement nécessaire d'abandonner l'évidence à ses propres forces, qu'il n'est aucune autre force qui puisse les suppléer : une force
physique , quelque supérieure qu'elle
soit , ne peut commander qu'aux actions,
& jamais aux opinions. Ce qui se passe
journellement est une preuve sensible
de cette vérité : bien loin que nos forces
physiques puissent quelque chose sur no-

tre opinion, c'eſt au-contraire notre
opinion qui peut tout ſur nos forces
phyſiques ; c'eſt elle qui en diſpoſe &
qui les met en mouvement. La force
commune ou ſociale , qu'on nomme
force pnblique ne ſe forme que par une
réunion de pluſieurs forces phyſiques,
ce qui ſuppoſe toujours & néceſſairement une réunion de volontés, qui ne
peut avoir lieu qu'après la réunion des
opinions , quelles qu'elles ſoient. Ce
ſeroit donc renverſer l'ordre & prendre
l'effet pour la cauſe, que de vouloir
donner à la force publique , le pouvoir
de dominer les opinions , tandis que
c'eſt de la réunion des opinions qu'elle
tient ſon exiſtence & ſon pouvoir, &
qu'ainſi elle ne peut avoir de la conſiſtence, qu'en raiſon de celle qui ſe trouve dans les opinions mêmes ; je veux
dire , qu'autant qu'elles ne ſont point
de ſimples opinions , mais bien des principes devenus immuables parmi les
hommes , parce qu'ils leur ſont devenus
évidents.

CHAPITRE IX.

Suite du Chapitre précédent. De l'Evidence ; définition de l'Evidence ; ses caractères essentiels & ses effets. Evidence des Arguments qui prouvent la nécessité de la plus grande liberté possible dans l'examen & la discussion de l'Evidence. Force de l'opinion : ses dangers dans un état d'ignorance.

QUELQUES observations sur l'évidence, sur son caractere & ses effets, ainsi que sur la force & le danger de l'opinion dans un état d'ignorance, acheveront de mettre dans tout son jour, ce que je viens de dire sur la nécessité de l'instruction publique, & sur la liberté avec laquelle les idées que chacun se forme de l'ordre naturel & essentiel des

sociétés , peuvent être expofées & con-
tredites.

L'ÉVIDENCE, dit un de nos plus cé-
lebres Modernes , eft un difcernement
*clair & diftinct des fentimens que nous
avons, & de toutes les perceptions qui en
dépendent :* tel eft l'avantage qu'elle a
fur l'erreur , que celui qui fe trompe ne
connoît point la caufe de la certitude
qui réfulte de l'évidence, & que celui
qui la poffede , connoît tout à la fois
& la raifon de fa certitude , & celle
de l'erreur. Non - feulement fon caractere effentiel *eft d'être à l'épreuve de
tout examen* , mais l'examen même ne
fert encore qu'à la manifefter davantage,
*qu'à la rendre plus fenfible ; qu'à lui don-
ner une force plus fouverainement dominante , au-lieu qu'un examen fuffifant détruit toute prévention , tout préjugé, &
établit à leur place , ou l'évidence , ou du-
moins le doute , lorfque les chofes qu'on
examine furpaffent nos connoiffances.*

Dire que l'évidence eft à l'épreuve
de tout examen , c'eft affurément une
vérité évidente par elle-même , & qui
prouve que la liberté d'examiner , de
contredire

contredire l'évidence, eft toujours &
néceffairement fans aucun inconvénient.

DIRE *qu'un examen fuffifant détruit*
toute prévention, tout préjugé, c'eft
encore une vérité manifeftement évidente, qui établit, comme la premiere,
la néceffité de la liberté qui doit régner
dans l'examen & dans la contradiction;
car un examen ne peut être *fuffifant*
qu'autant que toutes les raifons de douter font épuifées.

DIRE que *l'examen ne fert qu'à donner*
à l'évidence une force plus fouverainement
dominante, c'eft une conféquence évidente & néceffaire des vérités antécéden-
tes, & qui démontre que la liberté de
l'examen & de la contradiction ne peut
tendre qu'à nous foumettre à l'ordre d'u-
ne maniere plus *religieufe* & plus abfolue.

DIRE enfin qu'un *examen fuffifant éta-*
blit l'évidence à la place de l'erreur, tou-
tes fois que les chofes qu'on examine ne fur-
paffent point nos connoiffances, c'eft une
derniere vérité réfultante encore évidemment de celles qui précedent, &
d'après laquelle il devient évident que
cette même liberté nous conduit *néceffai-*
fairement à la connoiffance évidente &

Tome I.   I

publique de l'ordre qui conftitue le meilleur état poffible d'une fociété ; car cet
ordre naturel & effentiel n'a rien qui fur-
paffe nos connoiffances : nous fommes
faits pour lui, pour le connoître & l'obferver , comme il eft fait pour nous,
pour nous procurer les plus grands biens
que nous puiffions defirer.

C'est ainfi qu'en nous développant
les caractères effentiels de l'évidence,
le génie créateur que je viens de citer,
nous démontre en quatre mots , la néceffité de la plus grande liberté poffible
dans la recherche & la difcuffion de la
vérité. En appliquant à l'évidence particuliere de l'ordre focial ce qu'il dit de
l'évidence en général , on apperçoit à
l'inftant combien cette même liberté &
l'inftruction publique font néceffaires
dans une fociété : pour s'en convaincre,
il fuffit de confidérer quelle feroit notre
ignorance fans les fecours de l'inftruction , & quelle eft après l'inftruction la
force irréfiftible de l'évidence . l'empire
abfolu qu'elle prend fur nous. Mais
comme il n'eft perfonne qui ne connoiffe
par lui-même le pouvoir dominant de
l'évidence , perfonne qui n'éprouve

qu'elle nous fubjugue au point de faire naître en nous une volonté décidée de ne jamais nous en féparer, chacun peut, ainfi que moi, raifonner d'après ce qui fe paffe dans fon intérieur ; il y trouvera tout ce que je pourrois dire à ce fujet.

UNE chofe évidente eft une vérité qu'un examen fuffifant a rendu tellement fenfible, tellement manifefte, qu'il n'eft plus poffible à l'efprit humain d'imaginer des raifons pour en douter, dès qu'il a connoiffance de celles qui l'ont fait adopter. De cette efpece, par exemple, font les vérités géométriques, & généralement toutes celles qui font démontrées par le calcul. Quand la terre feroit éternellement couverte d'hommes, aucun d'eux ne s'aviferoit de contredire ces vérités ; l'ignorance feule pourroit les méconnoître & les révoquer en doute ; mais cela ne fubfifteroit qu'autant que l'ignorance ne voudroit pas s'éclairer par un examen fuffifant.

EN fuppofant donc que les chofes ne furpaffent point les bornes de nos connoiffances, & qu'elles ne foient point non plus de cette évidence primitive qui se manifeste par la seule entremise de nos sens, nous pouvons établir deux propositions : la premiere, qu'un examen suffisant rend tout évident ; la seconde, que sans un examen suffisant il n'est rien d'évident.

Qu'on me pardonne cette expression, mais il semble que par une espece d'instinct nous connoissions, ou du-moins nous sentions le besoin que nous avons de l'évidence : nos esprits ont une tendance naturelle vers l'évidence ; & le doute est une situation importune & pénible pour nous. Aussi pouvons-nous regarder l'évidence comme le repos de l'esprit ; il y trouve une sorte de bien-être qui ressemble fort à celui que le repos physique procure à nos corps ; on diroit même qu'il ne travaille que pour se procurer cette jouïssance.

CETTE tendance naturelle de nos esprits vers l'évidence est liée avec les deux mobiles qui sont en nous : l'appétit des plaisirs & l'aversion de la douleur ont grand intérêt de n'être point trompés dans le choix des moyens de se satisfaire ; voilà pourquoi nous ne pouvons être tranquilles, qu'après que nous avons acquis une certitude qui ne peut résulter que de l'évidence ; c'est par cette même raison encore que la liberté d'employer tous les moyens qui conduisent à l'évidence, fait une partie essentielle de la liberté de jouïr, sans laquelle le droit de propriété cesseroit d'exister.

ON peut donc regarder l'évidence comme une divinité bien-faisante qui se plaît à donner la paix à la terre : vous ne voyez point les Géometres en guerre au sujet des vérités évidentes parmi eux : s'il s'éleve entr'eux quelques disputes momentanées, ce n'est qu'autant qu'ils sont encore dans le cas de la recherche, & elles n'ont pour objet que des déductions ; mais si-tôt que l'évidence a prononcé pour ou contre, chacun met bas les armes, & ne s'occupe plus qu'à jouïr paisiblement de ce bien commun.

POUR suivre cette comparaison, & profiter de tout le jour qu'elle répand sur les objets dont il s'agit ici, de l'évidence des vérités géométriques, passez à l'évidence des vérités sociales, à l'évidence de cet ordre naturel & essentiel qui procure à l'humanité son meilleur état possible, par les effets connus de

I iij

celle-là, cherchez à découvrir quels seroient *néceffairement* les effets de celle-ci;
quelle feroit *néceffairement* la fituation
intérieure d'une fociété gouvernée par
cette évidence; quel feroit *néceffairement*
l'état politique & refpectif de toutes les
nations, fi elle lés avoit toutes éclairées
de fa lumiere divine ; examinez fi des
hommes ralliés fous les étendarts de cette même évidence, peuvent fe divifer;
fi quelque fujet de guerre pourroit être
affez puiffant pour les porter à lui facrifier leur meilleur état poffible & *évident*;
creufez plus avant encore, & voyez fi
les tableaux que cette médiation vous
préfente, n'excitent pas chez vous des
fenfations, ou plutôt des tranfports dont
les fecouffes vous élevent au-deffus de
vous-même, & femblent vous avertir
que, par le moyen de l'évidence, nous
communiquons avec la divinité.

Mais pour vous rendre encore plus
fenfible à l'impreffion que ces mêmes tableaux feront fur votre cœur & fur votre
efprit, placez en oppofition tous les inconvéniens qui, dans un état d'ignorance, peuvent réfulter de la force de
l'opinion.

UNE chofe eft défendue fous peine des fupplices les plus capables d'effrayer: que peuvent cette défenfe & ces fupplices fur une opinion qui tend à les braver? Rien ; nous n'en avons que trop d'exemples.

UN HOMME fe trouve par fa naiffance, placé dans une fituation qui feroit le bonheur d'un grand nombre d'autres hommes , s'ils partageoient entr'eux les avantages que lui feul réunit : que fait cet homme quand fon opinion eft déréglée ? Il lui facrifie ces mêmes avantages ; il vit & meurt malheureux.

UN feul homme fans armes commande à cent mille hommes armés , dont le plus foible eft plus fort que lui : qu'eft-ce donc qui a fait fa force ? Leur opinion ; ils le fervent en la fervant ; ils obéiffent à ce Chef, parce qu'ils font dans l'opinion qu'ils lui doivent obéir.

VOULEZ-VOUS voir d'autres effets qui caractérifent la force de l'opinion ? Confidérez ceux de l'honneur, de cette efpece d'enthoufiafme qui nous fait préférer au repos le travail & la fatigue, aux richeſſes la pauvreté & les privations, à la vie la mort qu'il trouve le ſecret d'embellir.

L'OPINION, quelle qu'elle ſoit, eſt véritablement *la Regina d'el mundo*; lors même qu'elle n'eſt qu'un préjugé, qu'une erreur, il n'eſt dans l'ordre moral, aucune force comparable à la ſienne; féconde en preſtiges de toute eſpece, elle emprunte pour nous tromper, tous les caracteres de la réalité; ſource intariſſable de bien & de mal, nous ne voyons que par elle, nous ne voulons, nous n'agiſſons que d'après elle; ſelon qu'elle eſt ou n'eſt pas dans le vrai, elle fait les vertus & les vices, les grands hommes & les ſcélérats; il n'eſt aucun danger qui l'arrête, aucune difficulté contre laquelle elle ne s'irrite; tantôt elle fonde des Empires, & tantôt elle les détruit.

CHAQUE homme eſt ainſi ſur la terre un petit Royaume gouverné deſpotiquement par l'opinion : il brûlera le temple d'Epheſe, ſi ſon opinion eſt de le brûler; au milieu des flammes il bravera ſes ennemis, ſi ſon opinion eſt de

les braver ; le phyſique enfin paroît en
nous lui être tellement ſubordonné ,
que pour commander au phyſique , il
faut commencer par commander à l'o-
pinion ; mais comment peut-on commander à celle-ci , lorſqu'elle eſt le
jouet de l'ignorance & de l'arbitraire ?
Comment peut-on réunir & fixer les
opinions ſans le ſecours de l'évidence ?
Ne voit-on pas que l'Auteur de la nature n'a point inſtitué d'autres moyens
pour enchaîner nos volontés & notre
liberté ?

Nous devons donc regarder l'ignorance comme le principe néceſſaire de
tous les maux qui ont affligé la ſociété ;
& la connoiſſance évidente de l'ordre ,
comme la ſource naturelle de tous les
biens qui nous ſont deſtinés ſur la terre.
Mais comme toutes les forces phyſiques
du monde entier ne pourroient rendre
évident ce qui ne l'eſt pas , & que l'évidence ne peut naître que d'un examen
ſuffiſant , de la néceſſité de cette évidence réſulte la néceſſité de l'examen ; de la
néceſſité de l'examen réſulte celle de la
plus grande liberté poſſible dans la con-

tradiction ; & de plus la nécessité de toutes les institutions sociales qui doivent concourir à donner à l'évidence la publicité qu'elle doit avoir.

SECONDE PARTIE.

La Théorie de l'ordre mise en pratique.

DE LA FORME essentielle de la société : elle consiste dans trois sortes d'institutions ; celle des loix, & par conséquent des Magistrats ; celle d'une autorité tutélaire ; celle enfin de tous les établissements nécessaires pour étendre & perpétuer dans la société la connoissance évidente de son ordre naturel & essentiel. Dans le développement de la premiere classe de ces institutions, on voit qu'il est deux sortes de loix ; qu'il en est de naturelles & communes à tous les hommes; qu'il en est de positives & particulieres à chaque nation * ; que les pre-

* Nª. Loix positives ainsi nommées par opposition aux Loix naturelles.

mieres font d'une néceffité évidente &
abfolue ; que les fecondes n'en doivent
être que le développement ou plutôt
l'application ; que l'établiffement des
Magiftrats eft d'une néceffité femblable
à celle de l'établiffement des loix ; que
leurs devoirs concourent finguliérement
à affurer la ftabilité & l'autorité de la
légiflation pofitive ; qu'ils donnent de la
confiftence au pouvoir légiflatif, fans
cependant aucunement le partager; qu'ils
font le lien commun qui unit l'État gouverné à l'État gouvernant. Que le pouvoir légiflatif eft indivifible ; qu'il ne
peut être exercé ni par la nation en corps,
ni par plufieurs choifis dans la nation ;
qu'il eft inféparable de la puiffance exécutrice ; que le Chef unique qui l'exerce,
n'eft que l'organe de l'évidence ; qu'il ne
fait que manifefter par des fignes fenfibles, & armer d'une force coercitive les
loix d'un ordre effentiel dont Dieu eft
l'Inftituteur.

DANS le développement de la seconde classe des institutions sociales , il est démontré que l'autorité tutélaire est *une* par essence ; qu'on ne peut la partager sans la détruire ; qu'elle ne peut être exercée sans inconvénient , que par un seul ; que la Souveraineté doit être héréditaire ; que cette condition est une de celles qui sont essentielles pour que le gouvernement d'un seul soit *nécessairement* la meilleure forme possible de gouvernement ; que par-tout où regne une connoissance évidente & publique de l'ordre naturel & essentiel , cette forme de gouvernement est la plus avantageuse aux peuples, parce qu'elle établit un véritable despotisme *légal ;* qu'elle est aussi la plus avantageuse aux Souverains , parce qu'elle établit en leur faveur le véritable despotisme *personnel :* que le despotisme arbitraire n'est point le vrai despotisme ; qu'il n'est point *personnel ,* parce qu'il n'est point *légal ;* qu'il est à

tous égards contraire aux intérêts de
celui qui l'exerce ; qu'il n'eſt que factice,
précaire & conditionnel, au-lieu que le
deſpotiſme *légal* eſt naturel , perpétuel
& abſolu ; que ce n'eſt que dans ce dernier que les Souverains ſont véritablement grands , véritablement puiſſants,
véritablement deſpotes ; que ce deſpotiſme *perſonnel* & *légal* aſſure le meilleur
état poſſible dans tous les points à la nation , à la Souveraineté & au Souverain
perſonnellement.

CHAPITRE X.

De la forme essentielle de la Société. Ses rapports avec la Théorie de l'ordre essentiel. Elle consiste en trois classes d'institutions sociales. Objets que renferme chacune de ces trois Classes. Nécessité de développer les rapports des deux premieres, dont l'une est l'Institution des Loix, & la seconde, l'Institution d'une autorité tutélaire.

J'AI démontré dans la premiere Partie, que le droit de propriété considéré dans tous ses rapports, est un droit naturel & essentiel ; qu'il est le premier principe de tous les droits & de tous les devoirs réciproques que les hommes doivent avoir entre eux ; que ces droits & ces devoirs, qui n'en sont que des consé- quences nécessaires, deviennent essentiels comme lui , & que l'ordre naturel & essentiel des sociétés n'est au fonds que l'ordre ou l'enchaînement de ces mêmes droits , & de ces mêmes devoirs. De la théorie de l'ordre passons maintenant à la pratique ; examinons quelle est la forme qu'il doit *nécessairement* donner à la société , pour que cette réciprocité de devoirs , de droits essentiels ne puisse éprouver aucune altération, & qu'ils se trouvent être dans tous les temps tels qu'ils résultent *nécessairement* du droit de propriété.

Deux conditions sont essentiellement requises pour que le droit de propriété soit conservé dans tout son entier : la premiere , est que ce droit soit en lui-même inébranlable , qu'il jouïsse de la plus grande sûreté possible ; la seconde, est que la plus grande liberté possible lui soit acquise invariablement ; car la plénitude du droit de propriété suppose *nécessairement* la plénitude de la liberté. La forme essentielle de la société est donc *le concours de toutes les institutions sociales qui doivent se réunir pour consolider le droit de propriété & lui assurer toute la liberté qui le caractérise essentiellement.*

Ce

CE QUE j'ai dit dans le feptieme & le huitieme Chapitre de ma premiere Partie nous annonce que toutes les inftitutions qui appartiennent à la forme effentielle de la fociété , peuvent fe renfermer dans trois claffes : l'inftitution des loix ; celle d'une autorité tutélaire ; celle enfin des établiffements néceffaires pour répandre & perpétuer dans la fociété la connoiffance évidente de fon ordre effentiel.

DANS la néceffité de l'inftitution des loix , nous trouvons , comme je l'ai déja fait obferver , la néceffité de l'inftitution des Magiftrats , tous leurs devoirs effentiels & *néceffairement* inféparables de leur miniftere , ainfi que les regles qu'il faut fuivre invariablement pour affurer à toute la fociété l'utilité qui doit réfulter de ces mêmes devoirs.

DANS la néceffité de l'inftitution d'une autorité tutélaire , nous découvrons auffi la néceffité de tous les droits dont elle doit jouïr , & celle de tous fes devoirs effentiels ; nous voyons en mêmetemps que ces derniers font liés fi effentiellement à fes véritables intérêts , & fes véritables intérêts fi fortement , fi

Tome I. K

évidemment attachés au maintien du droit de propriété & de la liberté, qu'il faut commencer par suppofer l'ignorance & l'oubli total de l'ordre, non-feulement dans le dépofitaire de cette autorité, mais encore dans les Magiftrats, & même dans tout le corps politique, avant d'imaginer que ce dépofitaire puiffe former la volonté de s'écarter de fes devoirs, & qu'il puiffe s'établir des pratiques dans lefquelles l'ordre foit compromis.

C'est pour prévenir cet oubli de l'ordre & fes effets funeftes, que la troifieme claffe des inftitutions fociales eft néceffaire : elle admet toutes les mefures qu'on peut prendre, tous les moyens qu'on peut embraffer pour étendre, perfectionner & perpétuer la connoiffance évidente de l'ordre, & elle rejette tout ce qui pourroit tendre à concentrer & affoiblir cette connoiffance. Au moyen de cette troifieme claffe d'inftitutions, on verra conftamment régner l'évidence de l'ordre naturel & effentiel des fociétés, de cet ordre le plus avantageux au corps focial, parce qu'il eft le plus avantageux à chacun de fes membres en

particulier. Je dis qu'on verra conftamment régner cette évidence , parce
qu'elle eft le fléau de l'arbitraire qui fuit
toujours devant elle ; elle ne lui per-
mettra jamais de fe gliffer ni dans l'état
gouvernant ni dans l'état gouverné ;
quelque déguifement qu'il empruntât , il
porteroit toujours un caractere qui le
trahiroit , parce qu'il ne peut jamais reffembler à celui de l'évidence.

JE n'ai rien à ajouter à ce que j'ai dit
précédemment fur cette troifieme claffe
d'inftitutions fociales. La connoiffance
de l'ordre ne peut être ni trop publique
ni trop évidente ; ainfi on ne peut employer trop de moyens pour affurer cette
évidence & cette publicité. Mais je ne
crois pas devoir paffer auffi légérement
fur les deux premieres claffes des inftitutions qui conftituent la forme effentielle de la fociété : les rapports néceffaires qui fe trouvent entre les loix & l'autorité tutélaire ; entre les devoirs , les
droits & les intérêts de cette autorité ;
entre ces mêmes intérêts , ceux de la nation & les devoirs des Magiftrats ; enfin,
entre tous ces différents objets & la théorie ou les principes de l'ordre , deman-

dent de notre part un examen rigoureux
& une attention très fuivie. Ces différents rapports ont befoin d'être appro-
fondis ; ils n'ont fervi jufqu'à préfent
qu'à faire éclorre une multitude de fyftêmes contraires les uns aux autres , &
féparément remplis de contradictions
frappantes. Nous pouvons regarder cette variété de fyftêmes , & même chacun
d'eux en particulier , comme une preuve convaincante que l'évidence de ces
mêmes rapports ne s'eft point encore
manifeftée : par la raifon qu'ils déterminent *néceffairement* la forme effentielle
de la fociété , leur évidence auroit ban-
ni la diverfité des opinions , & toutes les
volontés fe feroient ainfi ralliées à une
même forme de gouvernement , comme étant la feule que l'ordre permette
d'adopter.

CHAPITRE XI.

Développement de la premiere Classe des Institutions qui constituent la forme essentielle de la Société. Les loix s'etablissent en même-temps que la société. Il en est de deux sortes : les unes sont naturelles, essentielles & universellement adoptées ; les autres conséquentes aux premieres, sont positives, & particulieres à chaque société ; définition des loix positives. Le motif ou la raison des loix est avant les loix. La raison des loix naturelles & essentielles est dans la nécessité absolue dont elles sont évidemment. Ces loix naturelles doivent être la raison des loix positives. Deux conditions nécessaires pour assurer la sou-

miffion conftante aux loix po-
fitives. Néceffité de leur con-
formité parfaite avec les loix
naturelles & effentielles. Effets
funeftes d'une contradiction qui
fe trouveroit entre ces deux for-
tes de loix.

UNE MULTITUDE d'hommes raffem-
blés , qui n'admettroient entr'eux aucuns devoirs refpectifs , aucuns droits
réciproques , ne formeroient certainement point une fociété : elle ne confifte pas uniquement dans le rapprochement des hommes ; car nous fçavons par
notre propre expérience qu'elle peut
fubfifter entre des hommes très - éloignés les uns des autres , & ne pas fubfifter entre des hommes très-voifins. Ce
font donc les conditions de la réunion qui
font véritablement la réunion.

DE-LA s'enfuit qu'il eft impoffible
de concevoir une fociété particuliere
fans devoirs & fans droits réciproques ;
c'eft-à-dire , fans des conventions faites
entre les membres de ce corps politique ;

pour leur intérêt commun ; par consé-
-quent qu'il est impossible de concevoir
une société sans loix ; car les loix ne
font autre chose que ces mêmes conventions, en vertu desquelles les devoirs
& les droits réciproques font établis de
façon qu'il n'est plus permis de s'en écarter arbitrairement.

AINSI, que les loix soient écrites ou
qu'elles ne le soient pas, il n'en est pas
moins vrai qu'elles naissent avec la société, ou plutôt qu'elles la précedent ;
puisque c'est par elles que la société s'établit, & prend une consistence. Elles font
donc la premiere des institutions sociales qui constituent la forme essentielle
d'une société.

DANS tous les temps les hommes ont
institué des loix pour déterminer posi-
tivement, comment le meurtre, le vol,
& d'autres crimes de cette espece feroient punis ; mais nous ne les voyons
point faire des loix pour défendre précisément de tuer, de voler, de commettre d'autres forfaits semblables. Perfonne cependant ne s'avisera de dire que
ces mêmes crimes ne soient pas défendus
par les loix de toutes les nations : par la

raison qu'ils deviendroient *évidemment* destructifs de toute société , les Législateurs ont regardé cette *évidence* comme une défense suffisamment connue ; & ils ont parti de-là pour établir les peines dont les contraventions à cette défense feroient punies.

QUOIQUE la loi naturelle qui défend de tuer , de voler , &c. soit la même dans toutes les sociétés , elles n'infligent pas toutes les mêmes peines à ceux par qui ces crimes sont commis : les loix qui statuent sur ces peines, peuvent être déterminées par diverses circonstances que le Législateur doit peser avec attention ; & en général , le genre de la punition est indifférent, pourvu qu'elle soit proportionnée à la nature du délit , & aux conséquences qui en résultent , au préjudice de l'ordre social.

IL EST donc dans une société deux sortes de loix : il en est qui sont naturelles , essentielles & communes à toutes les sociétés ; il est aussi des loix positives , & même factices qui sont particulieres à chaque société. La justice & la nécessité de ces loix naturelles , essentielles & universelles , sont d'une telle évidence, qu'elles qu'elles se manifestent à tous les hommes, sans le secours d'aucun signe sensible : aussi ne sont-elles point insérées dans les recueils ordinaires des loix ; c'est dans le code même de la nature qu'elles se trouvent écrites , & nous les y lisons tous distinctement à l'aide de la raison , de cette lumiere qui *illuminat omnem hominem venientem in hunc mundum.*

Nous avons donné le nom de *positives* aux loix de la seconde espece , parce qu'elles établissent d'une maniere *positive* ce qui sans elles resteroit arbitraire , ou du-moins incertain pour la majeure partie des hommes : nous disons aussi qu'elles sont *factices* , à raison seulement de la maniere de les établir ; car leur justice n'a rien de *factice :* mais quoiqu'elles doivent toutes être conséquentes au juste absolu , elles ont cependant besoin , pour se faire connoître , d'être écrites , ou du-moins d'être établies d'une maniere qui agisse sur les sens , & qui puisse ainsi rendre leurs dispositions manifestes pour toute intelligence.

Les loix naturelles & essentielles , ouvrage d'une sagesse divine , doivent

Tome I. L

être néceffairement les meilleures loix poffibles, & elles font *immuables* comme leur Auteur. Les loix pofitives au-contraire, ouvrage des hommes, & dictées par des opinions fujettes à l'erreur, peuvent être extravagantes, comme elles peuvent être fages, felon que l'ignorance ou une raifon fuffifamment éclairée préfide à leur inftitution : il eft clair auffi qu'elles ne peuvent être *immuables* qu'autant que nos opinions font fixées par l'évidence ; car il n'y a que l'évidence qui ne foit point fujette au changement.

Il est bien important de diftinguer dans les loix, *la lettre* de la loi, & *la raifon* de la loi. *La lettre* de la loi eft la difpofition textuelle & pofitive de la loi ; *la raifon* de la loi eft le motif qui l'a dictée. *Tu ne tueras point arbitrairement* ; voilà *la lettre* de la loi ; *car tu donnerois aux autres le droit de te tuer arbitrairement auffi, & tu détruirois ainfi la fociété* ; voilà *la raifon* de la loi.

De cette loi naturelle & effentielle paffons à la loi pofitive, & voyons ce que nous y trouvons. *Celui qui tuera*, nous dit-elle, *fera puni de tel fupplice.*

Je vois ainſi que le ſupplice du meurtrier n'eſt plus arbitraire ; qu'il doit être de *telle* eſpece ; voilà tout ce qu'elle m'apprend ; & je reſte dans l'ignorance du motif ou de *la raiſon* de cette loi, ſi pour connoître ce motif, je ne vas le chercher dans d'autres loix antérieures à celle-ci. Mais pour peu que je me livre à cet examen, je découvre qu'avant la loi poſitive qui établit la peine du meurtre, il étoit une autre loi naturelle par laquelle le meurtre étoit défendu : concevant alors que cette défenſe eſt eſſentiellement néceſſaire à la ſociété, je vois dans cette premiere loi naturelle & eſſentielle, pourquoi le meurtrier doit être puni ; & ayant acquis ainſi la connoiſſance *évidente* de *la raiſon* de cette loi poſitive, je me trouve en état de juger de ſa juſtice & de ſon utilité, ce qu'il me ſeroit impoſſible de faire, ſi dans cette loi, je ne connoiſſois que la *lettre* de la loi.

SUPPOSONS deux loix qui condamnent également à la mort, l'une pour l'homicide, l'autre pour marcher à certaines heures du jour, ou pour quelqu'autre action ſemblable : n'eſt-il pas vrai qu'elles ne feront pas toutes deux regardées du même œil ? que celle-là nous paroîtra jufte , & celle-ci tyranni-que? Interrogeons nos cœurs, & voyons fi nous n'y trouvons pas une difpofition naturelle à nous foumettre à la premiere, à la défendre même de toutes nos for-ces , comme néceffaire à notre propre fûreté , & une autre difpofition toute oppofée qui nous incline naturellement à faifir tous les moyens qui pourront fe préfenter pour nous affranchir du joug cruel de la feconde loi.

CETTE différence dans ces deux dif-pofitions provient de la différence du jugement que nous portons fur le motif, fur *la raifon* de chacune de ces deux loix. *La raifon* de l'une lui imprime le caractere d'une néceffité *évidente ;* & cette *évidence* fubjugue , enchaîne fans réfiftance notre efprit & notre volonté ; *la raifon* de l'autre au-contraire ne nous préfentant rien d'effentiel, rien d'*évi-demment* néceffaire , nous n'y voyons d'*évident* qu'une rigueur démefurée; qu'une injuftice manifefte à laquelle notre fentiment intérieur , notre raifon , & conféquemment notre volonté ne peuvent s'accoutumer.

C'EST DONC dans *la raison* des loix, & non dans *la lettre* des loix, qu'il faut chercher le premier principe d'une soumission constante aux loix ; car ce premier principe ne peut être autre chose que l'empire absolu que prend sur nos esprits *l'évidence* de la justice & de la nécessité des loix ; or cette *évidence* n'est jamais dans *la lettre* de la loi : ainsi pour établir généralement & invariablement cette soumission, il est deux conditions essentielles : la premiere, que *la raison* des loix soit démonstrative de leur justice & de leur nécessité ; la seconde, qu'elle soit d'une telle *évidence*, ou du-moins d'une telle *certitude*, qu'il ne soit possible à personne d'en douter.

LA RAISON des loix naturelles & essentielles est la nécessité *absolue* dont elles sont à l'existence de la société ; nécessité dont *l'évidence* frappe, saisit tous les esprits, & qui montre *évidemment* à tous les hommes, que si les loix positives étoient destructives des loix naturelles & essentielles, elles le seroient aussi de la société ; qu'ainsi ces mêmes loix naturelles & essentielles doivent être

L iij

la raison primitive des autres loix , qui ne
peuvent plus en être que des conséquences évidentes , du-moins pour ceux dont
cette évidence doit invariablement régler les procédés.

Sı , par exemple , une loi positive ne
condamnoit l'homicide qu'à une très-
modique amende pour toute peine , on
pourroit dire que l'homicide seroit autorisé par cette loi ; qu'ainsi la loi positive seroit à cet égard destructive de la
loi naturelle & essentielle , par conséquent de la société. Cette supposition
qui se rapporte beaucoup à nos mœurs
& à nos loix anciennes dans des siécles
d'ignorance & de barbarie dont nous
rougissons aujourd'hui , suffit pour faire
voir que la premiere condition requise
pour instituer de bonnes loix positives ,
des loix dont l'autorité soit inébranlable , est leur conformité parfaite & *évidente* avec les loix naturelles & essentielles des sociétés. Cette regle invariable est le premier principe de toute législation : certainement une loi qui au-
toriseroit des infractions arbitraires aux
loix essentielles de l'ordre , ne seroit pas
propre à maintenir l'ordre ; & dès-lors

il feroit impoffible qu'on pût être conftamment affuré de l'obfervation de cette
loi.

LES LOIX pofitives ne doivent être
que *des réfultats évidents de l'ordre, mais
fcellés du fceau de l'autorité publique, pour
devenir ainfi des actes déclaratifs & con-
firmatifs des devoirs & des droits que les
loix naturelles & effentielles de la fociété*
établiffent néceffairement *dans chacun de
fes membres & pour leur intérêt commun.*
Si elles inftituoient des devoirs & des
droits d'une autre efpece que ceux qui
dérivent de ces loix naturelles & effentielles, ces devoirs & ces droits nouveaux ne pourroient être que contraires
aux premieres; & dans ce cas les loix pofitives feroient fans ceffe en *oppofition*
avec nos efprits & nos volontés.

TOUS les droits qu'un être raifonna-
ble peut ambitionner, fe trouvent renfermés dans celui de la propriété ; car
de ce droit réfulte une liberté de jouïr
qui ne doit connoître de bornes que celles qui lui font affignées par les droits de
propriété des autres hommes. L'ordre
effentiel de la fociété déterminant ainfi
la mefure de la liberté dans chacun de

L iv

fes membres, & cette mefure fe trouvant être de la plus grande étendue qu'il
lui foit poffible d'avoir fans troubler cet
ordre effentiel, il eft impoffible de ríen
ajouter à la liberté des uns qu'au préjudice de la liberté, & par conféquent de
la propriété des autres, ce qui devient
alors une injuftice, un défordre qui ne
peut être que funefte à la fociété.

Je dis que ce défordre ne peut être
que funefte à la fociété, parce qu'il la
met dans un état violent : mon voifin
ne trouvera point mauvais qu'il ne lui
foit pas libre d'aller cueillir ou endommager mes moiffons ; mais par la même
raifon, il fupportera toujours fort im-
patiemment qu'il me foit libre d'aller
cueillir ou endommager les fiennes :
comme il eft évident à chaque homme
qu'il ne doit point troubler les autres
dans la jouïffance de leurs propriétés, il
lui eft *évident* auffi que dans la jouïffance des fiennes, les autres ne doivent
point le troubler. A la vue même d'un
femblable préjudice qui fera fait aux
autres hommes, il s'allarmera, il crain-
dra pour lui-même, & cette inquiétude
fera pour lui un tourment contre lequel

ſa raiſon même ſe révoltera perpétuellement.

UNE LOI poſitive qui contrediroit
cette juſtice naturelle, choqueroit donc
l'*évidence*, bleſſeroit des droits qui nous
ſont *évidents*, & précieux ; elle ſeroit
ainſi, comme je viens de le dire, en oppoſition avec notre ſentiment intérieur
& nos volontés fixées invariablement
par cette même *évidence* ; & voilà ce
que j'appelle mettre la ſociété dans un
état violent , parce que c'eſt conſtamment faire violence à la nature , à des
volontés qu'elle a données à tous les
hommes pour le bonheur commun de
leur eſpece , & que les loix poſitives
doivent protéger, comme étant les premiers principes de la réunion des hommes en ſociété.

QUE cet état violent ne puiſſe être
que funeſte à la ſociété , je ne crois pas
que cela me ſoit conteſté : premiérement
tout ce qui altere la liberté , altere le
droit de propriété , & diminue d'autant
les avantages que ce droit procure à la
ſociété , lorſque le deſir de jouïr & la
liberté de jouïr ſe trouvent réunis. En
ſecond lieu , il faudroit changer la nature

de l'homme, déraciner en lui les mobiles qui le mettent en action, faire perdre à l'*évidence* la force dominante qu'elle a sur son esprit & sur ses volontés, pour que les hommes cessaffent d'être attachés à la liberté de joüir qui résulte du droit de propriété, & qu'ils ne cherchaffent pas à se souftraire aux violences que cette liberté peut éprouver, ou du-moins à s'en dédommager. Mais alors les dédommagements & la façon de se les procurer seroient néceffairement dans l'arbitraire ; chacun ne pourroit les attendre que de sa force personnelle, & les apprécieroit au gré de son opinion qui ne connoîtroit plus de regles, puifque les loix positives seroient elles-mêmes déréglées : dans cet état de défordre chaque homme, ayant à craindre un autre homme, & par cette raifon ne pouvant compter sur rien, se verroit réduit à se permettre tout ce qu'il pourroit faire, dans la crainte de ne pouvoir faire ce qu'il feroit en droit de se permettre.

UN AUTRE mal encore, ce feroit celui des affociations faites dans la vue d'augmenter la licence & les abus en

s'affurant de leur impunité : de ce cahos monftrueux on verroit fortir les
meurtres , les vols , les brigandages de
toute forte , les crimes , les excès de
toute efpece , avant - coureurs des
grandes révolutions qui , dans de pa-
reilles circonftances , n'ont jamais man-
qué d'être amenées par la corruption ,
la dépravation des mœurs , fi-tôt que
les opinions ont pu fe former un point
de réunion.

CE N'EST point affez que les loix
pofitives foient exactement conformes
aux loix naturelles & effentielles de la
fociété : cette premiere condition requife pour leur affurer une foumiffion
conftante , étant remplie , il en faut
encore une feconde , qui eft , comme
on vient de le voir , que cette conformité foit connue de maniere que perfonne ne puiffe en douter ; car elles
ne peuvent être fidélement obfervées
que *par religion de for intérieur* , religion qui ne peut s'établir que fur une
connoiffance indubitable de leur juftice
& de leur néceffité. Mais cette connoiffance ne peut être la même chez tous

les hommes : il en eſt pour qui elle doit être *évidente* ; il en eſt d'autres chez leſquels elle ne peut être qu'une *certitude*. On va voir dans les Chapitres ſuivants, que ces deux ſortes de connoiſſances ne different eſſentiellement que dans la façon de les acquérir.

CHAPITRE XII.

Suite du développement de la pre-
miere Claſſe des Inſtitutions qui
conſtituent la forme eſſentielle
de la Société. Caractere de la
certitude que les hommes doi-
vent avoir de la juſtice & de
la néceſſité des loix ; comment
en général la certitude s'établit.
Impoſſibilité ſociale que le pou-
voir légiſlatif & la Magiſtra-
ture ſoient réunis dans la mê-
me main. Néceſſité des Ma-
giſtrats.

DES HOMMES qui feroient perſuadés
que leurs loix poſitives font de mauvaiſes loix, pourroient bien être contraints
pendant un temps à les obſerver ; mais
une telle ſoumiſſion, qui eſt contre nature, ne pourroit être durable ; & il ſeroit impoſſible qu'elle ne fût pas ſujette

à des écarts journaliers de la part de ceux qui croiroient les loix injustes à leur égard : *La soumission aux loix est toujours & nécessairement relative à l'idée que nous avons* de la justice & de la nécessité des loix.

CETTE IDÉE, pour être stable & permanente, doit être en nous ou une certitude primitive, qui est dans l'évidence même qui nous est propre, ou une certitude secondaire établie sur l'évidence qui se trouve dans les autres. Il ne faut pas confondre cette seconde espece de *certitude* avec la *confiance* qui ne seroit que l'effet d'une prévention ; car la prévention n'a rien de solide ; elle ne porte sur rien d'évident ; une autre prévention opposée peut même la détruire, & faire évanouïr la confiance qui en étoit le produit ; au-lieu que la certitude secondaire tient à l'évidence, sans cependant être en elle-même une connoissance évidente de la vérité qui en est l'objet. Mais pour ne point embarrasser par des expressions nouvelles, parlons le langage ordinaire, & donnons tout simplement le nom *d'évidence* à la certitude primitive, & celui de *certitude* à celle qui n'eſt que ſecondaire ou conſéquente à la premiere.

JE N'AI jamais vu la Chine, mais je ſuis certain que la Chine exiſte, parce que je ſuis certain que ce fait eſt *évident* pour beaucoup d'autres dont le témoignage uniforme & conſtant ne ſe contredit point : par ce moyen j'ai des preuves ſuffiſantes pour fonder, non pas une *confiance*, mais une *certitude* qui me tient lieu de l'évidence que les autres ont acquiſe, & ſur laquelle ces preuves ſuffiſantes ſont établies. Ainſi cette certitude n'eſt point en moi une évidence ; mais cette unanimité dans les témoignages de ceux qui ont acquis cette même évidence, cette unanimité, dis-je, qui eſt la premiere cauſe ou la premiere occaſion de ma certitude, eſt évidente.

QUOIQUE l'ordre eſſentiel des ſociétés ſoit fort ſimple dans ſes principes, ſes conſéquences cependant ſont ſi multiples, & elles embraſſent tant d'objets, qu'il n'eſt pas poſſible à la majeure partie des hommes d'avoir une connoiſſance *explicite* & *évidente* de la raiſon de toutes les loix poſitives, & des changements que les circonſtances des temps peuvent exiger. Diverfes caufes , dont le détail feroit fuperflu , concourent pour les tenir éloignés de cette connoif-fance explicite & évidente ; mais il n'eft aucun motif qu'on puiffe alléguer pour les priver de cette autre connoiffance que nous nommons *une certitude*, & qui produit fur leur efprit tous les effets de l'évidence.

La certitude peut fuppléer l'évi-dence , mais rien ne peut fuppléer la certitude : c'eft une folie de croire que dans le gouvernement des hommes elle puiffe être remplacée par la confiance; dès que celle-ci n'a pour bafe ni évi-dence ni certitude , elle n'eft plus qu'un enfant aveugle de la féduction ; fa foi-bleffe & fon infirmité ne permettent pas de compter fur lui. Ainfi dans le moral ce n'eft que fur l'évidence , & fur la cer-titude qu'elle communique à tout ce qui la touche , qu'on peut élever un édifice folide qui n'ait rien à redouter des écarts orageux de l'opinion , pour laquelle tout ce qui n'eft pas évident ou indubitable-ment certain devient arbitraire.

La première conféquence que nous devons tirer de ces vérités préliminai-res ;

res ; ceſt qu'il eſt *ſocialement* impoſſible
que l'autorité légiſlative & la Magiſtrature , ou l'adminiſtration de la juſtice
diſtributive , ſoient réunies dans la même main, ſans détruire parmi les hommes toute certitude de la juſtice & de la
néceſſité de leurs loix poſitives : allons
plus loin encore , & diſons, ſans détruire ces loix elles-mêmes ; car elles
n'auroient plus ni la forme , ni aucun
des caracteres eſſentiels aux loix.

Comme on a ſouvent inſtitué des formes très-vicieuſes , ce qu'on appelle *forme* eſt tombé dans une ſorte de mépris.
Il eſt pourtant vrai que rien ne peut
exiſter ſans une forme, & que la forme
eſſentielle des choſes eſt ce qui les fait
ce qu'elles ſont.

La forme eſſentielle des loix poſitives conſiſte *dans les ſignes ſenſibles qui
manifeſtent qu'on a ſuivi l'ordre des procédés qu'il faut garder néceſſairement dans
leur inſtitution, 1°. Pour s'aſſurer de leur
juſtice & de-leur néceſſité ; 2°. Pour rendre cette juſtice & cette néceſſité certaines
à tous ceux qui ne peuvent en acquérir une
connoiſſance explicite & évidente.* Or il
eſt conſtant que cet ordre de procédés ne

Tome I. M

seroit plus observé, si la puissance législatrice vouloit encore se charger des
fonctions de la Magistrature : le Législateur & le Magistrat n'étant plus ainsi
qu'une seule & même personne., il en
résulteroit que d'un côté le pouvoir
d'instituer des loix ne trouveroit dans
les lumieres, & dans les *devoirs* du Magistrat, aucune ressource contre les surprises qui pourroient être faites au Législateur ; tandis que d'un autre côté,
la volonté du Législateur ne pouvant
dominer, enchaîner, assujettir celle du
Magistrat, les loix les plus justes dans
leurs dispositions se trouveroient incer-
taines & variables dans leur application.

PRÉSENTONS dans d'autres termes encore ces importantes vérités, pour les
rendre plus simples & plus frappantes :
si le Législateur étoit aussi Magistrat, il
ne pourroit que couronner & consommer comme Magistrat, toutes les méprises qui lui seroient échappées comme
Législateur. Si le Magistrat étoit aussi
Législateur, les loix n'existant que par
sa seule volonté, il ne seroit point assujetti à les consulter pour juger, & il
pourroit toujours ordonner comme Lé-

giflateur ce qu'il auroit à décider comme Magiftrat.

AINSI ce ne feroit que dans les feules volontés du Légiflateur qu'il faudroit chercher *la raifon* des loix pofitives ; car il les inftitueroit au gré de fes volontés arbitraires : & ce ne feroit que dans les feules volontés du Magiftrat qu'il faudroit chercher *la raifon* de fes jugements ; car fon indépendance le mettroit dans le cas de fe permettre tout en les rendant. Ce double inconvénient nous prouve bien que ces loix feroient dépouillées de leurs caracteres effentiels, qui font l'évidence de leur juftice & de leur néceffité , & une indépendance abfolue de l'arbitraire. De telles loix pofitives ne feroient plus des loix, puifque leur application devenant arbitraire & incertaine , elles n'auroient plus rien de pofitif par effence.

QUAND le pouvoir légiflatif & la magiftrature font féparés , comme ils doivent l'être , les loix une fois établies par la puiffance légiflatrice , ont une autorité qui leur eft propre , & qui leur donnant le droit de commander aux volontés du Magiftrat , leur affure une entiere

indépendance de toutes les autres volontés. Il eft certain que le Magiftrat ne
peut alors , & ne doit avoir d'autres volontés que celles des loix ; l'autorité
qu'il exerce n'eft point la fienne ; elle
eft celle des loix ; auffi n'eft-ce point en
lui que cette autorité réfide , mais dans
les loix ; auffi fes fonctions fe bornent-
elles à faire l'application des loix ; auffi
ne fait-il que prononcer des jugements
déja dictés par les loix ; auffi eft-il tenu
de penfer , de parler , d'ordonner comme les loix : il n'eft ainfi que leur miniftre , que leur organe ; & c'eft par cette
raifon qu'elles font en sûreté dans fes
mains ; & que par état il eft *néceffaire-*
ment & particuliérement le dépofitaire
& le gardien des loix ; difons plus encore , de la *raifon primitive & effentielle*
des loix ; car c'eft dans cette fource
qu'il faut puifer les loix à faire : j'expli-
querai dans un moment ce que j'entends
par ces expreffions.

Mais fi le pouvoir légiflatif & la Magiftrature étoient réunis , nous ne ver-
rions plus dans le Magiftrat qu'une puiffance abfolument indépendante des loix,
lorfqu'il s'agiroit d'en faire l'applica-

tion : ce ne feroient plus alors les volontés des loix qui deviendroient celles du
Magiftrat ; ce feroient au-contraire les
volontés perfonnelles du Magiftrat qui
deviendroient celles des loix ; fes déci-
fions ne pourroient plus être regardées
comme étant dictées par les loix , & d'a-
près leurs difpofitions invariables, puifque les loix ne feroient elles-mêmes que
des réfultats de fes opinions ; qu'elles ne
diroient que ce qu'il leur feroit dire ;
qu'elles ne voudroient que ce qu'il leur
feroit vouloir. Enfin l'autorité qui affu-
reroit l'exécution de fes prétendus jugements , feroit fon autorité perfonnelle ,
& non l'autorité des loix ; car les loix
n'ayant que celle qu'il voudroit bien
leur prêter , & qu'il pourroit à chaque
inftant leur retirer, une telle autorité qui
émaneroit de lui, qui ne fubfifteroit que
par lui, ne feroit plus rien devant lui.

AINSI au moyen de l'inconftance &
de l'incertitude qui régneroient dans les
loix pofitives ; au moyen de ce qu'elles
n'auroient ni force , ni autorité, ni confiftence ; au moyen de ce que leur application feroit toujours incertaine ; de

ce que le recours aux loix deviendroit
le recours à l'opinion & à la volonté arbitraire du Magistrat, on pourroit dire
que dans une telle société, il n'y auroit
ni loix, ni devoirs, ni droits positifs &
réciproques : je laisse à juger du nom
qu'on pourroit lui donner.

Nous verrons dans les Chapitres suivants que le pouvoir législatif est inséparable de la puissance exécutrice, & que
cette puissance, qui par essence est indivisible, ne peut être exercée que par un
seul. Cette vérité est un des plus puissants arguments qu'on puisse employer
pour démontrer l'impossibilité sociale
dont il est que le Législateur puisse remplir les fonctions du Magistrat. Dès qu'il
ne doit exister qu'un Législateur *unique*,
qu'un Dépositaire unique de toute l'autorité, c'est sa volonté *unique* qui doit
ordonner & dicter les loix. Ceux qu'il
appelle à ses délibérations ne peuvent
avoir qu'une voix *consultative*. Si elle
étoit *délibérative*, l'autorité seroit acquise à l'avis le plus nombreux, & dès-
lors ce ne seroit plus *un seul* qui seroit
le Souverain ; la souveraineté résideroit

véritablement dans le plus grand nombre des voix qui se trouveroient réunies
sur un même objet.

MAIS puisque dans tous les cas où la
volonté du Souverain doit prononcer,
aucun des opinants ne peut avoir voix
délibérative, il est évident que s'il vouloit exercer les fonctions du Magistrat,
tous les jugements qu'il rendroit éma-
neroient de sa seule & unique volonté ;
il jugeroit seul enfin ; & par cette raison
il s'imposeroit l'obligation rigoureuse de
ne jamais se tromper , obligation bien
reconnue pour être au-dessus des forces
de l'humanité.

QUEL est l'homme qui pourroit, sans
frémir, entreprendre de rendre seul la
justice à une multitude d'autres hommes ? Quel est l'homme qui pourroit se
flatter que lui seul il pourroit toujours
reconnoître l'injustice & la mauvaise
foi , sous les dehors trompeurs qu'elles savent si bien emprunter ? La variété prodigieuse des faits , les difficultés qu'on éprouve pour en constater
la vérité , les artifices qu'on emploie souvent pour la déguiser , forment un la-
byrinthe dans lequel on voit s'égarer les

Magiſtrats les plus éclairés, les plus in-
tegres, les plus conſommés dans l'art de
juger. Que ſeroit-ce donc ſi un homme
ſeul étoit chargé de ces pénibles & importantes fonctions ! Combien de fois,
ſans qu'il s'en apperçût, ſon cœur ſé-
duiroit-il ſon eſprit ! Quelles facilités
n'auroit-on pas pour ſe ménager cette
ſéduction ! Quelle carriere s'ouvriroit
aux prétentions arbitraires & à l'oppreſſion ! A quel excès l'eſpoir de l'impunité ne multiplieroit-il pas les crimes !
Que de comptes à rendre à la Juſtice divine par un tel Souverain ! Ce Prince
infortuné, s'il connoiſſoit le danger de
ſon état, n'oſeroit lever les yeux vers le
Ciel.

JE POURROIS alléguer beaucoup d'autres raiſons pour prouver l'impoſſibilité
ſociale de la réunion de la Magiſtrature
à l'autorité légiſlative ; mais il ſeroit inutile de m'appeſantir ſur une vérité connue depuis une multitude de ſiécles ; &
dont les conſéquences ſont miſes en pratique chez tous les peuples qu'on peut
regarder comme formant des ſociétés. Je
peux donc avancer, ſans craindre d'être
contredit, que de la néceſſité *ſociale* des
loix

loix positives, résulte la nécessité *sociale* des Magistrats. Cependant quoique tous les hommes soient d'accord sur cet article, il paroît qu'on ne connoît point encore assez les rapports essentiels de cette nécessité avec l'existence de la société ; & c'est par cette raison que je crois nécessaire d'en faire un examen particulier.

CHAPITRE XIII.

Seconde suite du Chapitre XI. Comment s'établit parmi les peuples la certitude de la justice & de la nécessité des loix positives. Les Magistrats sont un des premiers & des plus puissants fondements de cette certitude : par état ils doivent avoir une connoissance évidente de la raison essentielle des loix positives : rapports de leurs devoirs essentiels avec la justice & la nécessité des loix. Ils sont, plus particuliérement que les autres membres de la société, gardiens & défenseurs des loix. La Magistrature est, par le moyen des loix, le lien commun de la société.

L ES Magistrats dépositaires, gardiens & organes des loix, deviennent, en

quelque forte, des loix vivantes ; & par
cette raifon, la Magiftrature occupe *né-*
ceffairement dans la fociété la place mar-
quée pour les loix, entre la puiffance légiflatrice & tous ceux qui doivent obéir
aux loix. Dans tous les temps on l'a regardée comme formant le lien commun
qui unit l'État gouverné à l'État gouvernant, & c'eft à jufte titre ; car ce lien fi
précieux eft l'ouvrage des loix : fans elles
il feroit impoffible au corps politique de
fe former. Or tout ce qu'on doit *néceffai-*
rement attribuer aux loix, on doit également l'attribuer à la Magiftrature,
dont les fonctions font de faire parler &
agir les loix, d'exercer l'autorité des
loix, de manifefter la volonté des loix,
d'en faire l'application, & de leur donner ainfi une exiftence, une réalité qu'elles ne peuvent obtenir que par le miniftere des Magiftrats qui *s'identifient*,
pour ainfi dire, avec les loix.

JE DIS, qui *s'identifient*, & cette expreffion n'a rien de forcé ; car fi les loix
ne peuvent parler que par la bouche du
Magiftrat, les paroles du Magiftrat ne
peuvent être que l'expreffion des volontés des loix ; elles habitent en lui ; elles

vivent & penfent en lui; & c'eft parce que les loix & le Magiftrat fe confondent ainfi, que la fûreté néceffaire aux loix doit être commune à la perfonne du Magiftrat comme organe des loix.

MAINTENANT on doit appercevoir aifément toute l'influence que les Magiftrats doivent avoir fur la foumiffion aux loix. La plupart des hommes étant hors d'état de s'élever à une connoiffance explicite & évidente de la raifon des loix pofitives, ceux-là, comme je l'ai dit, ne peuvent avoir qu'une certitude de la Juftice & de la néceffité de ces loix; mais cette certitude fi néceffaire pour fixer leurs efprits, & affurer leur foumiffion conftante aux loix, comment peut-elle s'établir chez eux, fi leurs fens ne font frappés par des preuves fuffifantes de cette Juftice & de cette néceffité? Or ces preuves, pour être fuffifantes, doivent toujours & *néceffairement* avoir pour fondement le témoignage des Magiftrats, puifqu'ils font publiquement reconnus & inftitués pour être les dépofitaires & les gardiens des loix; puifque comme gardiens & comme Juges, ils doivent être éclairés par l'évidence de *la raison primitive & essentielle des loix* ; puisqu'enfin la sincérité de leur témoignage est encore elle-même attestée , certifiée par l'hommage impartial que lui rend une multitude d'hommes éclairés qui doivent se trouver dans une nation , dès que nous y supposons publique la connoissance évidente de l'ordre essentiel de la société.

Les titres de dépositaires , de gardiens des loix positives , & de la *raison primitive & essentielle* de ces loix , ne font point des qualifications purement honorifiques , de vains titres sans fonctions : ce sont au-contraire des titres indicatifs de fonctions réelles , de *devoirs indispensables* dans le Magistrat , & dont l'institution est d'une nécessité absolue , comme celle de toutes les autres branches de l'ordre essentiel de la société.

Quoiqu'on puisse dire à juste titre que l'évidence parle & se rend sensible , cependant malgré celle qui doit se trouver dans les loix , nous les reconnoissons pour être *muettes* , en prenant cette expression dans le sens physique. Or elles peuvent se trouver dans le cas d'avoir à se défendre contre des surprises qui pour-

roient être faites à la puiffance légiflatrice ; furprifes d'autant plus dangereufes,
qu'elle doit feule difpofer de la force publique , comme on le verra dans les Chapitres fuivants. Les loix alors n'ont donc
à oppofer à la volonté de cette puiffance
que leur juftice & leur néceffité. Mais
puifqu'elles font muettes phyfiquement,
comment peuvent-elles mettre en évidence cette juftice & cette néceffité ?
Dans ce cas , comme dans tous les autres , elles ne peuvent s'exprimer que
par la voix de ceux qui font chargés de
parler pour elles : ainfi le Magiftrat, comme organe phyfique des loix , *eft particuliérement* chargé de la défenfe des loix.

Ce que je dis des loix faites nous
montre quels font les devoirs des Magiftrats par rapport aux loix à faire :
comme elles doivent être toutes puifées
dans les loix naturelles, qui font *la raifon primitive & effentielle* de toutes les
autres loix , l'évidence de cette *raifon
primitive & effentielle* eft , pour ainfi dire , un dépôt dans leurs mains , & ils en
doivent compte à la puiffance légiflatrice , à la nation , à Dieu même dont cette
évidence nous manifefte les volontés fu-
prêmes.

TOUTES ces vérités font fi fimples, fi évidentes par elles-mêmes, qu'il fuffit de les préfenter dans leur ordre naturel, pour qu'elles deviennent fenfibles fans le fecours d'aucune démonftration.

PUISQUE les loix font muettes phyfi-quement, & qu'il faut des loix pofitives, il faut donc auffi des Magiftrats qui foient les organes phyfiques des loix.

PUISQUE les Magiftrats font les orga-nes phyfiques des loix, il faut donc qu'ils parlent pour les loix & comme les loix, dans tous les cas où les loix ont à parler.

PUISQU'ILS doivent parler pour les loix & comme les loix, chaque fois qu'il y a néceffité, il faut donc qu'ils foient tenus de prendre toujours la dé-fenfe des loix, par conféquent qu'ils foient conftitués dépofitaires & gardiens des loix.

PUISQU'ILS doivent toujours veiller à la garde & à la défenfe des loix, il faut donc qu'ils ayent une connoiffance évidente de la juftice & de la néceffité des loix, & conféquemment de leur *raifon primitive & effentielle*; car ce n'eft qu'a-vec cette évidence qu'ils peuvent com-

N iv

battre pour les loix, contre les furprifes
faites à l'autorité.

PUISQU'ILS doivent toujours avoir
pour guide l'évidence de la raifon primitive & effentielle des loix, le témoignage évident qu'ils rendent aux loix
nouvelles, & contre lequel la partie
éclairée de la nation ne réclame point,
eft donc pour les autres hommes une
preuve fuffifante qui établit en eux la
certitude de la juftice & de la néceffité
de ces nouvelles loix; or cette certitude
étant ce qui affure néceffairement une
foumiffion conftante aux loix, la Magiftrature fe trouve être ainfi le lien commun qui unit l'État gouverné à l'État
gouvernant pour la profpérité commune de ces deux États.

IL NE FAUT pas croire cependant que
les titres de dépofitaires & de gardiens
des loix n'appartiennent qu'aux Magiftrats exclufivement : le premier, le vrai
dépofitaire & gardien général des loix,
c'eft la nation elle-même à la tête de laquelle eft le Souverain. Rigoureufement
parlant, le dépôt & la garde des loix ne
peuvent appartenir qu'à ceux qui font
armés de la fupériorité de la force phy-

fique pour procurer à ce dépôt la sûreté dont il a befoin effentiellement. Cela pofé , c'eft la nation en corps qui eft
naturellement & néceffairement dépofitaire & gardienne de fes propres loix ,
parce qu'il n'eft point dans la nation de
force phyfique égale à celle qui réfulte de la réunion des fiennes. Mais comme cette force nationale n'agit que d'a-
près la volonté du chef qui la commande, on peut dire dans un autre fens , que
c'eft au Souverain que le dépôt & la garde des loix doivent appartenir.

FAUTE de s'entendre il s'eft formé de
grands débats fur cet article qui a donné
lieu à toutes fortes de prétentions; mais
il eft aifé de les terminer en difant : Il
eft phyfiquement & focialement impoffible que la fûreté des loix ait un autre
principe que l'évidence de leur juftice
& de leur néceffité, parce qu'il n'y a que
cette évidence qui puiffe réunir au foutien des loix , toutes les opinions, toutes les volontés & toutes les forces. Les
dépofitaires & les gardiens naturels des
loix font donc tous ceux qui fe trouvent
appellés à poffeder cette évidence : ainfi
le Souverain qui doit toujours la pren-

dre pour son guide, est le dépositaire &
le gardien naturel des loix ; ainsi la nation, que je suppose éclairée par l'évidence publique de l'ordre essentiel des
sociétés, qui conséquemment doit être
composée d'une multitude d'hommes
instruits de *la raison primitive & essentielle* des loix, est aussi leur dépositaire &
leur gardien naturel; ainsi les Magistrats,
qui par un devoir indispensable de leur
état, sont *plus particuliérement* qu'aucun
membre de la société, obligés d'être
pénétrés de l'évidence répandue publiquement dans la nation ; qui comme Juges, deviennent, pour ainsi dire, envers le Souverain & la nation, caution
de cette évidence & de ses avantages, se
trouvent *plus particuliérement* aussi les
dépositaires & les gardiens des loix.

Ce que je viens de dire sur les conséquences résultantes de la qualité de
Juge, semble exiger quelque développement : si l'obligation d'avoir une connoissance évidente de la justice & de la
nécessité des loix, & d'être leur défen-
seur, est inséparable de l'état du Magistrat considéré comme organe des
loix, la même obligation est bien plus

rigoureufe encore dans le Magiftrat
confidéré comme Juge, comme Miniftre de la Juftice, dont les loix pofitives
ne doivent être que des réfultats.

QUELQU'UN pourroit-il honnêtement
contefter que dès qu'une injuftice eft
évidente, il n'eft plus permis à aucun
homme de lui prêter fon miniftere ?
Quelle que foit la loi naturelle & effentielle qui rende *évidente* une injuftice,
cette loi eft un ordre de la Divinité, dont
rien ne peut fufpendre l'exécution, fi-
tôt qu'il eft *évidemment* connu. Hélas !
que deviendroit l'humanité, fi *l'évidence*
d'une juftice *abfolue* ne conftituoit pas
les hommes dans *l'obligation* étroite de
ne pas prêter leur miniftere pour la vio-
ler. Mais fi ce devoir eft *abfolu* dans
tous les hommes indiftinctement, quelle
nouvelle force n'acquiert-il pas dans les
Magiftrats, qui, comme Miniftres de la
Juftice, joignent à l'obligation commune de s'y conformer, l'obligation particuliere de la faire obferver.

SI VOUS détruifez le jufte & l'injufte
abfolus, par conféquent l'exiftence des
devoirs *abfolus*, & l'obligation *abfolue*
de ne jamais s'en écarter au mépris de

leur évidence, je vous défie d'imaginer aucun moyen de donner quelque confistence à la société ; je vous défie d'instituer un pouvoir qui puisse se communiquer sans courir risque de se détruire ; je vous défie d'établir une puissance dont la personne & l'autorité soient en sûreté.

Depuis le Souverain, quel qu'il soit, jusqu'au dernier de ses sujets, la communication de son autorité souveraine forme une chaîne de pouvoirs intermédiaires & subordonnés les uns autres, au moyen de laquelle il tient dans sa main tout ce qui se trouve sous son empire. Tous les dépositaires en sous ordre de son autorité peuvent être réduits à deux especes : les uns sont chargés de l'administration de la justice, les autres de la force coercitive : s'il n'est point de devoirs absolus & évidents pour ceux-là, il n'en est point pour ceux-ci : dès-lors je ne trouve plus cette chaîne ; elle est rompue, ou plutôt il est impossible qu'elle existe : l'obéissance elle-même n'est plus une chose sur laquelle on puisse compter dans ce système, puisqu'il n'admet aucun devoir absolu. Remarquez

en cela comme on ne peut éviter de
tomber dans les contradictions les plus
absurdes, si-tôt qu'on veut s'écarter de
l'ordre : on rejette les devoirs absolus
pour ne point mettre de bornes à l'o-
béissance ; & comment ne voit-on pas
que par une conséquence nécessaire de
ce principe, l'obéissance cesse aussi d'ê-
tre un devoir, qu'ainsi en voulant l'étendre on la détruit ?

CEUX qui défendent ce système di-
ront peut-être qu'ils ne nient point entiérement l'existence des devoirs absolus, mais qu'ils n'en admettent qu'un
seul, qui est celui de l'obéissance : hé
bien, j'adopte pour un moment leur
façon de penser ; & en conséquence je
leur fais observer qu'ils rendent arbitrairement despote quiconque est revêtu
d'un commandement particulier. Mais
le Souverain, dira-t-on, devient despote
par ce moyen : qu'elle erreur ! & moi je
vous soutiens qu'il détruit sans ressource
son autorité. Le Souverain ne peut commander personnellement qu'à un très-
petit nombre d'hommes qui sont autour
de lui ; ceux-ci au-contraire commandent à une multitude d'autres hommes :

fi cette multitude eft dans l'obligation
abfolue de toujours leur obéir, n'eft-il
pas évident qu'ils fe trouvent néceffairement plus forts, plus réellement defpotes que le Souverain même ? Et s'il
refte contre leur defpotifme arbitraire
quelque reffource, c'eft celle que nous
trouvons dans la progreffion de ce même defpotifme, qui fe communique à
tous ceux qui commandent en fous-
ordre, & à raifon de la portion d'autorité qui leur eft confiée. Ainfi celui qui
a cent hommes à fes ordres eft arbitrairement defpote vis-à-vis de ces cent
hommes ; celui qui en a mille, l'eft auffi
vis-à-vis d'eux ; de même celui qui commande à vingt mille, à cent mille, le
nombre n'y fait rien ; le defpotifme arbitraire eft le même dans tous les rangs
du commandement, quoiqu'il n'en réfulte pas la même force.

VOYEZ-DONC dans ce fyftême com-
bien les effets qu'il produit font contraires à ceux qu'on fe propofe : tandis qu'on
veut rendre le Souverain plus indépendant, on le met dans une dépendance
qui doit le faire trembler à chaque inftant ; & pour vouloir ériger fon auto-

rité en pouvoir arbitrairement despotique, on la détruit, en assurant à chacun
de ceux qui commandent, une obéissance absolue au gré de leurs volontés arbitraires ; dans ce cahos monstrueux il
faut n'avoir aucune sorte de commandement pour ne point être despote ; tous
ceux qui en ont un, sont tellement despotiques, qu'au moyen de l'obéissance
absolue qui leur est due immédiatement,
ils peuvent trouver les moyens de s'affranchir de celles qu'ils doivent à leur
tour. De-là résulte une chose bien singu-
liere ; c'est que cette chaîne de despotes
arbitraires est une chimere ; le despotisme ne réside plus véritablement que dans
les Commandants les plus inférieurs ;
c'est-à-dire, dans ceux qui commandent
immédiatement aux hommes dont l'o-
béissance est le partage unique : cela posé, plus de despotisme dans le Souverain.

Nous devons donc regarder comme
un crime de lese-majesté divine & humaine, l'action de soutenir qu'il n'est
point de devoirs absolus dont on ne
peut s'écarter, si-tôt qu'ils sont évi-

dents. En vain on m'objectera que cette
regle eft dangereufe, en ce qu'on peut
prendre pour évident ce qui ne l'eft pas.
Cette méprife ne peut avoir lieu que
dans un état d'ignorance, état où je ne
connois rien dont on ne puiffe abufer,
& qui ne foit fufceptible d'inconvénient.
Je veux bien que dans cet état de défordre *néceffaire* cette loi fainte ne foit pas
fuivie ; mais qu'on me dife donc celle
qu'on pourra lui fubftituer. Dans l'état
d'ignorance tout eft arbitraire, & par
cette raifon l'application de cette loi feroit arbitraire auffi. Mais la caufe des
abus qui en réfulteroient, feroit dans
l'ignorance, & non dans la loi ; ainfi ces
mêmes abus ne font point à craindre par-
tout où l'évidence de l'ordre eft publiquement répandue, & c'eft le cas que
nous fuppofons.

Il est donc certain qu'aucun homme, fans fe rendre coupable envers le
Ciel & la terre, ne peut fe charger de
juger d'après des loix *évidemment* injuftes ; il cefferoit alors d'être un Miniftre de la juftice, pour devenir un Miniftre d'iniquité. Si quelque loi, par
exemple,

exemple , ordonnoit qu'un homme fût condamné au dernier fupplice , fur la feule dénonciation d'un autre homme , & même fans aucune preuve de l'exiftence du délit imputé , n'eft-il pas *évident* qu'une telle loi feroit homicide ? N'eft-il pas *évident* encore que le barbare , le furieux qui prononceroit des condamnations d'après cette loi monftrueufe , en partageroit l'atrocité , & deviendroit homicide comme elle ?

IL FAUT pourtant ou aller jufqu'à dire qu'on pourroit être , fans crime , l'organe d'une telle loi , & le miniftre de fes abominations, ou convenir qu'un Magiftrat ne doit prêter fon miniftere à aucune loi *évidemment* injufte ; car s'il *le peut* pour une loi, il *le peut* pour toutes, quelque coupables qu'elles foient ; *l'évidence* des excès , des outrages faits dans l'humanité à la Divinité même ne peut plus l'arrêter.

UN MAGISTRAT qui jugeroit fur des loix dont l'injuftice lui feroit *évidente* , agiroit en cela comme un Médecin qui traiteroit fes malades fuivant des méthodes prefcrites par une autorité aveu-

Tome I.   O

gle fur cet objet , & qu'il connoîtroit *évidemment* pour n'être propres qu'à leur donner la mort. Mais, me dira-t-on, ne peuvent-ils pas pécher par ignorance ? Non ; ils ne le peuvent pas , parce qu'étant obligés de ne fe décider que d'après *l'évidence* , dans tous les cas qui en font fufceptibles , ils ne doivent point embraffer une profeffion pour laquelle ils n'ont pas les connoiffances fuffifantes. Qu'eft-ce qui oblige un homme de fe faire Médecin, quand fon ignorance l'expofe à commettre journellement des affaffinats ? Qu'eft-ce qui oblige un homme de fe faire Magiftrat , quand fon ignorance l'expofe journellement à dégrader la Magiftrature , à trahir les intérêts qui lui font confiés ? Comment peut-il fe regarder comme un Miniftre de la juftice , s'il n'en a pas une connoiffance évidente ? Et comment peut-il connoître évidemment la juftice, s'il ne la voit pas évidemment dans les loix , ou plutôt dans *la raifon primitive & effentielle* des loix.

QUELQUE frappants, quelque démonftratifs que ces arguments puiffent être ,

ils acquierent encore une nouvelle force,
pour peu qu'on faſſe attention à la grande ſimplicité de l'ordre , de ces loix naturelles & eſſentielles qui doivent être *la
raiſon primitive* de toutes les autres loix.
Propriété & liberté , voilà les deux
points fondamentaux de l'ordre eſſentiel des ſociétés. Une fois qu'on eſt pénétré de la juſtice & de la néceſſité de ces
deux loix divines; une fois que l'évidence de leur juſtice & de leur néceſſité eſt
publiquement répandue dans une nation,
il n'eſt plus poſſible que la conformité
ou la contradiction des nouvelles loix
avec les principes immuables de l'ordre ne ſoient pas évidentes , non-ſeule-
ment pour le corps des Magiſtrats , mais
encore pour tous les hommes qui n'ont
point perdu l'uſage de la raiſon.

DE MESME que le Médecin eſt tenu
d'avoir une connoiſſance *évidente* de la
nature & des effets des remedes qu'il eſt
dans le cas d'employer , de même auſſi
le Magiſtrat eſt tenu d'avoir une connoiſſance *évidente* de la juſtice & de la
néceſſité des loix qu'il ſe charge *librement* de faire obſerver. Il ne lui eſt donc

permis de juger les hommes qu'après
avoir pénétré fcrupuleufement dans la
raifon des loix , & avoir acquis *l'évi-*
dence de leur juftice ; voilà fon premier
devoir indifpenfable : ajoutez-y maintenant une feconde obligation qui eft
également effentielle en lui , celle de
ne jamais prêter fon miniftere à des
loix *évidemment* injuftes , & voyez s'il
eft poffible qu'il ne foit pas le dépofitaire , le gardien & le défenfeur des
loix ; s'il eft poffible que le témoignage
public qu'il rend *librement* à la fageffe
des loix nouvelles , ne foit pas regardé
comme le réfultat d'une *évidence* acquife par un examen fuffifant ; s'il eft
poffible qu'un témoignage de cette importance , vérifié , pour ainfi dire , &
contrôlé par la publicité des connoiffances *évidentes* répandues dans la nation , n'établiffe pas *néceffairement la cer-*
titude de la juftice & de la néceffité de
ces mêmes loix dans tous ceux qui ne
peuvent en acquérir une connoiffance
évidente ; s'il eft poffible enfin d'imaginer un motif de perfuafion qui puiffe
fuppléer celui que fournit un témoigna-

ge d'autant plus authentique, qu'il ne
doit & ne peut s'annoncer, que comme un jugement qu'un devoir rigoureux ne permet de rendre qu'après que
l'*évidence* même l'a diété.

CHAPITRE XIV.

*Développement de la seconde
classe des Institutions qui constituent la forme essentielle de la
société. L'autorité tutélaire consiste dans l'administration de
la force publique dont le premier principe doit être la force
intuitive & déterminante de
l'évidence. Premieres observations tendant à prouver que le
pouvoir législatif est inséparable
ble de cette autorité.*

C'EST à juste titre que la seconde classe
des institutions qui constituent la forme
essentielle de la société, nous représente
l'autorité tutélaire toujours armée de la
force publique , toujours précédée par
l'évidence : il est sensible que l'administration de la force publique ne peut jamais être séparée de l'autorité tutélaire ;

car c'est dans cette force que réside l'autorité. Il est sensible aussi que toutes les résolutions de cette autorité doivent être dictées par l'évidence de leur justice & de leur nécessité ; car la force publique, qui est elle-même l'autorité , n'acquiert de la consistence qu'autant que la force intuitive & déterminante de l'évidence en est le premier principe : le développement de cet ensemble est peut-être la partie la plus intéressante de cet ouvrage.

Ce que nous nommons *autorité* est le *droit* de commander, qui ne peut solidement exister, c'est-à-dire, ne rien perdre dans *le fait* de ce qu'il est dans *le droit*, sans *le pouvoir physique* de se faire obéir. Un tel *droit* n'en seroit plus un , si *dans le fait* l'obéissance étoit arbitraire, si elle n'étoit dépendante que de la seule volonté de celui qui obéit. Mais pour qu'elle ne le soit pas, il faut qu'elle se trouve assujettie par un *pouvoir physique* qui ne peut résulter que de la supériorité *de la force physique*.

Le droit de commander & le pouvoir physique de se faire obéir ne sont donc exactement qu'une seule & même autorité présentée sous deux noms diffé-

rents, parce qu'il eſt deux différentes
façons de la conſidérer : à raiſon de la
maniere dont elle s'établit, elle *eſt un
droit*, parce qu'elle eſt le réſultat d'une
convention : & plus encore, parce que la
juſtice & la néceſſité de ſes volontés doivent toujours être marquées au coin de
l'évidence : à raiſon de la maniere dont
elle doit agir ſur la réſiſtance que des de-
ſirs déréglés pourroient lui oppoſer,
elle eſt un *pouvoir phyſique*, une force
coercitive formée naturellement & néceſſairement par la réunion des volontés
qui ont fait entre elles cette convention,
& qui toutes doivent être enchaînées par
cette évidence dont je viens de parler.

Ou le principe de la réunion des volontés eſt évident, ou il ne l'eſt pas : au
premier cas, ce principe eſt immuable,
& la réunion ſe trouve avoir la plus
grande ſolidité poſſible : au ſecond cas,
ce principe, qui n'eſt qu'arbitraire, n'a
rien de conſtant, & la réunion doit
éprouver toutes les variations dont une
opinion arbitraire eſt ſuſceptible.

LA réunion des volontés pour opé-
rer celle des forces particulieres ; la réunion des forces particulieres pour former

mer une force commune, une force publique ; le dépôt de cette force publique dans la main d'un chef, par le ministere duquel elle puisse commander & se faire obéir ; voilà comment s'établit l'autorité tutélaire ; voilà comme elle n'est autre chose qu'une force physique résultante d'une réunion de volontés, & par conséquent comme il lui est impossible d'être ni puissante, ni bien affermie, si la force intuitive & déterminante de l'évidence n'est pas le principe de cette réunion.

DANS un sens on peut dire que le droit de commander n'appartient qu'à l'évidence ; car dans l'ordre naturel, l'évidence est l'unique regle de conduite que l'Auteur de la nature nous ait donnée. Mais tous les hommes ne sont pas également susceptibles de saisir l'évidence ; & quand ils le seroient tous, l'intérêt du moment est souvent si pressant en eux, que l'évidence du devoir ne pourroit suffire pour contenir l'appétit des jouïssances, quand il se trouveroit désordonné. Il faut donc que parmi les hommes, l'autorité naturelle de l'évidence soit armée d'une force physi-

Tome I. P

que & coercitive, & qu'ainſi la puiſſance légiſlatrice, quoiqu'elle commande
au nom de l'évidence, diſpoſe de la
force publique, pour aſſurer l'obſervation de ſes commandements.

Quel que soit le dépoſitaire ou
l'adminiſtrateur de la force publique,
le pouvoir légiſlatif eſt ſon premier at-
tribut ; car il faut que l'évidence nous
ſoit connue avant qu'elle puiſſe aſſervir
nos volontés, & que les loix ſoient in-
ſtituées avant que l'autorité puiſſe s'occuper du ſoin de les faire obſerver. Dicter des loix poſitives c'eſt *commander* ;
& par la raiſon que nos paſſions ſont
trop orageuſes pour que le droit de
commander puiſſe exiſter ſans le *pouvoir
phyſique* de ſe faire obéir, le droit de
dicter des loix ne peut exiſter ſans le
pouvoir phyſique de les faire obſerver. Il
ne peut donc jamais être ſéparé de l'adminiſtration de la force publique &
coercitive. Ainſi la puiſſance exécutrice, celle qui diſpoſe de cette force, eſt
toujours & *néceſſairement* puiſſance légiſlatrice.

Si, pour former deux puiſſances,
on place dans une main le pouvoir lé-

giflatif, & dans une autre le dépôt de la force publique, à laquelle des deux faudra-t-il obéir, lorſque les loix de la première & les commandements de la ſeconde ſeront en contradiction ? Si l'obéïſſance alors reſte arbitraire, tout ſera dans la confuſion ; & comme on ne peut obéir en même-temps à deux commandements contradictoires, il faut qu'il ſoit irrévocablement décidé lequel doit être exécuté par préférence : or il eſt évident que cette déciſion ne peut avoir lieu, ſans détruire une de ces deux puiſſances, pour n'en plus reconnoître qu'une ſeule dominante, à la voix de laquelle toutes les volontés, toutes les forces doivent ſe rallier pour faire exécuter conſtamment ſes commandements, ſans que rien puiſſe en empêcher. Ainſi quelques tournures, quelques modifications qu'on veuille donner à un tel ſyſtême, il arrivera *néceſſairement* que ces deux autorités ſe réuniront, & ſe confondront dans une ſeule ; que la puiſſance légiſlatrice deviendra puiſſance exécutrice, ou que la puiſſance exécutrice deviendra puiſſance légiſlatrice.

LA MANIERE dont ſe forme la force

publique démontre bien évidemment
que le pouvoir légiflatif eſt inféparable
de l'adminiſtration de cette force : nous
venons de voir qu'elle n'eſt que le produit d'une réunion de volontés ; qu'ainſi
elle ne peut être ſolidement établie ,
qu'autant que la force intuitive & déterminante de l'évidence eſt le principe
de cette réunion. Mais dès que les loix
poſitives ne doivent être elles-mêmes
que des réſultats évidents des loix naturelles & eſſentielles de la ſociété , il
faut *néceſſairement* ou qu'elles ne ſoient
pas ce qu'elles doivent être , ou que la
force publique leur ſoit acquiſe par l'é-
vidence de leur juſtice & de leur néceſſité. Comment donc ſe pourroit-il que
la force publique ne fût pas conſtamment aux ordres du légiſlateur , puiſque
le principe conſtitutif de cette force doit
toujours être dans les loix qu'il établit ?
Comme la vérité & l'erreur ne peuvent
jamais donner les mêmes réſultats , les
opinions , les volontés & les forces peuvent très-bien ſe diviſer dans une nation
qui n'a nulle connoiſſance évidente de
l'ordre naturel & eſſentiel de la ſociété ;
& de cette diviſion peuvent naître plu-

fieurs autorités. Mais un tel défordre ne
peut avoir lieu par-tout où une connoiſ-
fance explicite & évidenté de cet ordre
effentiel eſt publiquement établie : l'évidence, qui eſt *une*, réunit tous les eſ-
prits, toutes les opinions ; il n'eſt plus
alors qu'une feule volonté , une feule
force publique, une feule autorité ; ainſi
puiſqu'elle eſt feule & unique , elle fe
trouve être *néceſſairement* & tout à la
fois puiſſance légiſlatricé & puiſſance
exécutrice : à elle appartient le droit de
dicter les loix ; à elle appartient le pouvoir de les faire obſerver.

CHAPITRE XV.

Suite du Chapitre précédent. Dieu est le premier Auteur des loix positives. Définition du pouvoir législatif parmi les hommes : le Législateur ne fait qu'appliquer les loix naturelles & essentielles aux différents cas qu'il est possible de prévoir, & leur imprimer, par des signes sensibles pour tous les autres hommes, un caractere d'autorité qui assure l'observation constante de ces loix. Rapports de l'autorité législative avec celle de l'évidence. Le pouvoir législatif est indivisible. Combien les devoirs essentiels des Magistrats lui font précieux à tous égards : au moyen de ces devoirs & de l'évidence de l'or-

dre, ce pouvoir eſt abſolument ſans inconvénients dans les mains de la puiſſance exécutrice.

On doit remarquer ici que le terme de *faire* des loix eſt une façon de parler fort impropre, & qu'on ne doit point entendre par cette expreſſion, le *droit* & le pouvoir d'imaginer, d'inventer & d'inſtituer des loix poſitives qui ne ſoient pas déja *faites*, c'eſt-à-dire, qui ne ſoient pas des conſéquences néceſſaires de celles qui conſtituent l'ordre naturel & eſſentiel de la ſociété. Une loi poſitive ne peut jamais être indifférente au point de n'être ni *bonne* ni *mauvaiſe*; car elle eſt néceſſairement l'un ou l'autre, ſelon qu'elle eſt ou conforme ou contraire à cet ordre eſſentiel. Si elle étoit abſolument indifférente, elle n'auroit point d'objet poſitif; & dès-lors elle ne ſeroit plus une loi poſitive. Mais comme le pouvoir légiſlatif ne peut être inſtitué que pour établir de bonnes loix poſitives, des loix dont la raiſon primitive ſoit dans celles que Dieu nous a di-

&tées lui-même, & selon lesquelles toute
société doit être gouvernée, ce pouvoir
n'est plus dans le Législateur que *le droit
exclusif de manifester par des signes sensibles aux autres hommes, les résultats des
loix naturelles & essentielles de la société,
après qu'ils lui sont devenus évidents, &
de les sceller du sceau de son autorité,
pour leur imprimer un caractere qui soit
pour tous les esprits & toutes les volontés le
point fixe de leur réunion.*

CETTE définition, en nous appre-
nant que les loix positives doivent porter l'empreinte d'une autorité qui assure
leur observation, nous ramene encore à
la vérité que je viens de démontrer, à
reconnoître que le pouvoir législatif est
inséparable de l'administration de la force publique; car sans cette administration le Législateur, & par conséquent
les loix positives seroient sans autorité.

J'AI DIT précédemment que les loix
positives n'étoient que l'application & le
développement des loix naturelles & essentielles; le pouvoir législatif n'est donc
autre chose que le pouvoir d'annoncer
des loix déja faites nécessairement, &
de les armer d'une force coercitive:

ainſi de quelque point que nous partions nous nous trouvons toujours dans l'impoſſibilité de ſéparer le pouvoir légiſlatif & l'adminiſtration de la force publique; car les loix poſitives ne deviennent ce qu'elles ſont, qu'autant que cette force leur devient propre.

QUELQUE ſimples, quelque évidentes que ſoient les vérités contenues dans le Chapitre précédent, c'eſt encore aujourd'hui une grande queſtion parmi les hommes, de ſavoir dans quelles mains le pouvoir légiſlatif doit être dépoſé pour le plus grand bien de la ſociété; mais tous leurs débats ſur cet article tiennent à une fauſſe idée qu'on s'eſt formée du pouvoir légiſlatif, & qui a pris naiſſance dans les abus qu'on a faits de ce pouvoir, dès les premiers moments qu'il a commancé à s'établir: alors l'inſtitution d'une puiſſance exécutrice n'étoit point l'ouvrage de l'évidence; par cette raiſon les volontés & les forces ne pouvoient jamais avoir un point fixe de réunion.

COMME on a vu beaucoup de mauvaiſes loix ſe ſuccéder les unes aux autres dans toutes les ſociétés particulieres, fans porter d'autre caractere que celui d'une volonté arbitraire & momentanée, on s'eft perfuadé que l'autorité légiflative étoit le pouvoir de *faire arbitrairement* toutes fortes de loix pofitives, quelque injuftes, quelque déraifonnables qu'elles puffent être : on n'a pas vu que ces loix bifarres n'étoient que des fruits de l'ignorance ; on n'a pas vu que fi les hommes peuvent *faire* de mauvaifes loix, ce n'eft que parce qu'ils peuvent fe tromper ; que fe tromper & faire de mauvaifes loix eft un malheur, un accident de l'humanité , & nullement *un droit*, une prérogative de l'autorité; que le pouvoir légiflatif n'autorife, en quelque forte, *à faire* de mauvaifes loix, que parce qu'il n'eft point feul & par lui-même un préfervatif contre la furprife & l'erreur ; que pour l'en garantir , il faut que le Légiflateur foit aidé par un concours de lumieres & de devoirs établis dans des hommes qui, *fans participer en rien à fon autorité*, doivent cependant fe réunir & faire force autour de lui ; que felon qu'il eft ou n'eft pas fécondé par ces lumieres & ces devoirs, le pouvoir légiflatif eft ou n'eft pas fuf-

céptible d'abus ; qu'ainſi les inconvénients qu'on lui attribuoit, ne ſont point
dans ce pouvoir même, mais ſeulement
dans des circonſtances qui concouroient
à l'égarer, & qui ne peuvent ſe rencontrer que dans des temps d'ignorance.

Il n'eſt jamais entré dans l'eſprit d'un
Légiſlateur que ſon autorité lui donnât
le droit de faire des loix *évidemment* mauvaiſes : en tous cas, il ſeroit tombé dans
une ſinguliere contradiction ; car *un
droit* ſuppoſe une convention expreſſe
ou tacite, une réunion de volontés déterminées librement par un intérêt commun, ou par la force d'une néceſſité abſolue dont l'évidence leur eſt ſenſible.
Comment donc pourroit-on s'imaginer
que cette réunion, qui n'a qu'un bien
pour objet, pût ſe perpétuer, s'il en
réſultoit *évidemment* un mal ? On ne
peut eſpérer de maintenir cette réunion
par la force ; car *la force n'exiſte qu'a-
près la réunion, & par la réunion.* Qu'on
ſe rappelle ici que dans la ſociété les
droits ne ſont établis que ſur les devoirs ;
or certainement le premier devoir d'un
Légiſlateur doit être de ne point *faire
des loix évidemment* contraires aux in-

térêts de la société , puisque son autorité n'est instituée que pour protéger ces
mêmes intérêts.

SI un despote Asiatique me soutenoit
qu'il est en droit de faire une loi *évidemment* mauvaise , je lui dirois : Si vous
en pouvez une , vous en pouvez deux,
vous les pouvez toutes , quelles qu'elles
soient : essayez-donc d'en faire une pour
permettre l'homicide volontaire , ou
pour défendre de cultiver. Là , sans doute ses prétentions s'arrêteroient ; & dans
la raison qu'il sentiroit de lui-même
pour ne pas les porter jusqu'à cet excès,
je puiserois des arguments simples , mais
invincibles , qui lui feroient comprendre
que dans aucun cas son autorité ne peut
empiéter sur le domaine de l'évidence.

LES VÉRITÉS dont il s'agit ici de-
mandent une grande précision : il faut
bien saisir que tous mes raisonnements
sont fondés sur la force irrésistible de
l'évidence que je suppose acquise à des
hommes qu'on voudroit assujettir à des
loix *évidemment* contraires à l'ordre &
au bonheur de la société. Ainsi ne per-
dons pas de vue cette supposition ; car
sans l'évidence nous sommes forcés d'a-

DES SOCIÉTÉS POLITIQUES. 181

bandonner les fociétés à tous les égare-
ments de l'opinion, fans que rien puiffe
remédier aux maux qui doivent *néceffairement* en réfulter.

JE conviens donc que par-tout où
l'on vit dans l'ignorance fur ce qui conftitue l'ordre naturel & effentiel des fociétés, un Légiflateur peut, comme je
l'ai dit, faire de mauvaifes loix, parce
qu'on n'en connoît pas de meilleures,
mais ces mauvaifes loix ne le font pas
évidemment ; car fi l'évidence de ce
qu'elles ont de vicieux fe manifeftoit,
l'ignorance difparoîtroit, & dès-lors
l'intérêt commun & *évident* du Légiflateur & de la nation conduiroit à la ré-
forme de ces loix, ou du-moins les ré-
duiroit à refter fans aucune exécution.

LA funefte prérogative de pouvoir
faire de mauvaifes loix fuppofe donc
toujours l'ignorance dans le Légiflateur
& dans la nation ; elle fuppofe que les
vices de ces loix ne font, & ne peuvent
être éclairés par l'évidence : ainfi quelque extenfion qu'on veuille donner à
l'autorité légiflative, toujours eft-il
vrai qu'on ne pourra jamais lui attribuer *le droit* de pouvoir contredire ma-

nifeftement l'*évidence*, & que *le droit de*
di&er des loix fera *néceffairement* établi
fur *le devoir effentiel* de n'en point faire
qui foient *évidemment* deftructives des
biens qu'elles doivent affurer à la fociété.

Mais, me dira-t-on, ce devoir effentiel n'eft point, par lui-même, une
sûreté : qu'eft-ce donc qui peut empêcher la puiffance légiflatrice de s'en écarter ? A cela je réponds que ce font les
intérêts perfonnels & évidents de cette
puiffance, qui ne peut trouver que dans
l'ordre *fon meilleur état poffible ;* que
c'eft encore cette force irréfiftible que
l'évidence de l'ordre acquiert par fa publicité : voilà les cautions qui font la sûreté que vous demandez ; sûreté d'autant plus complette, que d'un côté vous
ne pouvez fuppofer dans la puiffance
légiflatrice, l'intention d'anéantir un
devoir qui évidemment eft tout à fon
avantage ; tandis que d'un autre côté
il n'eft pas au pouvoir des hommes de
faire perdre à l'évidence l'empire abfolu
qu'elle exerce naturellement fur eux,
& d'empêcher que par le moyen de fa
publicité, fon autorité defpotique ne

soit toujours le principe conftant d'une force phyfique à laquelle toute autre force eft obligée de céder.

ON voit maintenant ce que j'ai voulu dire par ce concours de lumieres & de devoirs établis dans des hommes, qui, fans partager aucunement l'autorité légiflative, doivent cependant faire force pour mettre le Légiflateur à l'abri des furprifes & de l'erreur : ces hommes font les Magiftrats qui ne peuvent rendre d'après les loix, une juftice qui n'eft pas dans les loix ; qui avant de juger les autres hommes, font ainfi tenus d'avoir une connoiffance *évidente* de la juftice & de la néceffité des loix ; qui ne peuvent, fans crime, fans ceffer d'être des Miniftres de la Juftice, prêter leur miniftere à des loix *évidemment* injuftes ; qui par une fuite des devoirs dont ils font fpécialement chargés envers le Souverain & la nation, fe trouvant plus particuliérement que leurs autres concitoyens, dépofitaires & gardiens, non-feulement des loix pofitives, mais encore des loix naturelles & effentielles inftituées pour être *la raifon primitive* des autres loix, doivent toujours être

éclairés par l'évidence de cette *raifon* ;
pour la faire connoître au Légiflateur,
dans tous les cas où on feroit parvenu à
égarer fon opinion , à lui fuggérer des
loix contraires à fes véritables intentions,
à fes propres intérêts , & à ceux des autres membres de la fociété.

QUELQU'UN s'imaginera peut - être
que les devoirs de la Magiftrature , tels
que je les repréfente ici , font deftructifs
du pouvoir légiflatif : cette méprife feroit d'autant plus groffiere, que ces mêmes devoirs ne peuvent que procurer à
ce pouvoir , la plus grande confiftence
& la plus grande folidité poffible , fans
jamais lui porter la plus légere atteinte ;
mais pour démontrer clairement cette
vérité , il faut remonter à la véritable
idée qu'on doit fe former du pouvoir
légiflatif.

ON VIENT de voir que le pouvoir
légiflatif n'eft point le pouvoir de faire
arbitrairement des loix *évidemment* mauvaifes, *évidemment* deftructives des biens
qu'on attend de l'exercice de ce pouvoir,
& qui font l'objet de fon inftitution. Les
hommes en fe réuniffant en fociétés particulieres pour être plus heureux, n'ont
jamais

jamais pu fe propofer un établiffement qui *dût évidemment & néceffairement* les rendre plus malheureux : une contradiction fi fenfible, fi évidente entre la fin & les moyens n'eft pas dans l'humanité : nous pouvons bien nous tromper, ne pas nous rendre à l'évidence, faute de la connoître ; mais nous n'allons pas jufqu'à la contredire fciemment & de propos délibéré ; & quand nous avons formé une volonté, il n'eft pas en nous de prendre pour arriver à notre but, une voie qui nous en écarte *évidemment*.

Si cependant il étoit une nation affez déraifonnable pour inftituer chez elle un tel pouvoir arbitraire, je conviens qu'il ne pourroit fe concilier avec les devoirs rigoureux dont les Magiftrats font chargés dans l'ordre naturel & effentiel des fociétés ; mais auffi dans une telle nation ces devoirs n'exifteroient pas, & les Magiftrats ne feroient pas Magiftrats. La preuve que j'en donne eft que dans une fociété *les devoirs* dans les uns fuppofent *néceffairement des droits* dans les autres, & que là où il n'y auroit point *de droits* il n'y auroit point *de devoirs*. Or les membres de cette nation

Tome I.   Q

n'auroient entre eux aucuns *droits réci-*
proques ; car *des droits* & un pouvoir *ar-*
bitraire pour en ordonner au gré de fon
caprice , font deux chofes *évidemment*
incompatibles. Comme on ne connoîtroit ainfi dans une telle nation que des
ordres *arbitrairement* donnés , & que ,
rigoüreufement parlant , elle feroit *fans*
droits & fans loix , il en réfulteroit qu'elle feroit auffi *fans Magiftrats :* l'autorité
n'auroit befoin que d'efclaves pour être
les inftruments de fes volontés *arbitrai-*
res.

ABANDONNONS cette hypothèfe chimérique pour nous rapprocher de la nature & du vrai : le pouvoir légiflatif n'eft
au fonds que le pouvoir d'inftituer de
bonnes loix pofitives : or de *bonnes* loix
pofitives font des loix parfaitement conformes à l'ordre naturel & effentiel des
fociétés ; elles ne font donc *bonnes* qu'autant qu'elles font puifées dans l'évidence
de cet ordre effentiel ; qu'elles font , en
un mot , dictées par cette évidence même au Légiflateur : mais dans ce cas , fes
volontés ne peuvent jamais rencontrer
d'oppofition ni dans les Magiftrats , ni
dans la nation , dès que nous la fuppofons éclairée.

LA LÉGISLATION poſitive peut être regardée comme un recueil de calculs tout faits ; car les loix poſitives ne ſont que les réſultats d'un examen dans lequel on a, pour ainſi dire, calculé les droits & les devoirs eſſentiels de chaque membre de la ſociété dans les cas prévus par ces loix. Lorſque ces calculs ſont juſtes, ils ne peuvent éprouver aucune contradiction ; plus on les vérifie & plus leur juſteſſe devient manifeſte & publique ; mais s'ils ne le ſont pas, leur erreur eſt *évidente* pour quiconque eſt en état de calculer ; & s'il eſt des Magiſtrats qui ſoient tenus de prendre ces calculs pour regles de leurs jugements, il eſt *évident* qu'ils ne le peuvent pas, à moins que ces calculs ne ſoient réformés : au-lieu de rendre juſtice, ils feroient des injuſtices *évidentes*, ce qui feroit en eux le comble de l'atrocité. En pareil cas cependant on ne pourroit pas dire que ceux qui auroient relevé de telles erreurs, partagent ou détruiſent l'autorité à laquelle elles feroient échappées au moment qu'elle auroit dreſſé ces calculs pour qu'on s'y conformât ; elle conſerveroit toujours dans ſon entier la plé-

Q ij

nitude du pouvoir légiſlatif, qui certainement ne peut jamais s'étendre juſqu'à
faire qu'une erreur *évidente* devienne
une vérité : Dieu même n'a pas un tel
pouvoir ; & quelque étendue que puiſſe
être l'autorité légiſlative, elle ne peut
jamais rendre poſſible dans un homme
ce qui eſt impoſſible dans Dieu.

LES LOIX poſitives ne devant rien
avoir que d'*évident*, il ne peut donc jamais ſe trouver de la contrariété dans les
opinions ſur le fait de leur inſtitution,
que par une mépriſe où une erreur qui
n'eſt jamais auſſi dans les intentions de
la puiſſance légiſlatrice ; car il eſt de ſon
intérêt perſonnel de ne rien inſtituer qui
ſoit évidemment contraire aux loix naturelles & eſſentielles qui conſtituent
ſon meilleur état poſſible à tous égards,
& doivent être la raiſon primitive de
toutes ſes volontés. Mais ces ſortes de
mépriſes ou d'erreurs ne peuvent avoir
lieu dans une ſociété où la connoiſſance
évidente de l'ordre eſt publique, où par-
conſéquent, la puiſſance légiſlatrice elle-même, le corps des Magiſtrats & la
majeure partie de la nation ſont toujours
& *néceſſairement* éclairés par cette évi-

dence, & se trouvent ainsi n'avoir qu'un même esprit, & qu'une même volonté.

IL EST donc certain que les devoirs des Magistrats sont entiérement à l'avantage de l'autorité législative dans une nation instruite, telle que nous la supposons. Cette autorité, dont les intérêts personnels sont en tout point les mêmes que ceux de la nation, n'a rien à craindre que les méprises ; & de-là nous pouvons juger combien doit lui être utile & précieux un corps de citoyens institués pour être, plus particuliérement encore que tous les autres, dépositaires & gardiens de l'évidence même ; qui en cette qualité sont chargés de veiller sans cesse autour de l'autorité législative ; de placer toujours entre elle & la mauvaise volonté des hommes ignorants ou mal intentionnés, le bouclier impénétrable de l'évidence ; d'assurer aux loix enfin une soumission générale & constante, en établissant la certitude de leur sagesse, dans tous ceux qui ne sont pas en état d'en acquérir par eux-mêmes une connoissance évidente.

L'AUTORITÉ législative ne peut avoir

que l'ignorance pour ennemi : celui qui a posé les bornes de nos connoiſſances évidentes, a en même-temps auſſi poſé les bornes de cette autorité ; & c'eſt vouloir la détruire que de chercher à lui donner ou plus ou moins d'étendue. Il n'y a point de milieu entre ſe conformer à l'ordre naturel & eſſentiel des ſociétés, ou renverſer ce même ordre; car il n'eſt ſuſceptible ni de plus ni de moins, attendu qu'il fait partie de l'ordre phyſique auquel les hommes ne peuvent rien changer. Cet ordre eſt ce qui procure les plus grands avantages poſſibles à l'État gouvernant & à l'État gouverné; & l'autorité légiſlative ne peut s'en écarter qu'au préjudice de l'un & de l'autre; pour qu'elle trahiſſe ſes intérêts perſonnels dans ceux de la nation, il faut donc qu'elle ſoit ſéduite ; or elle ne peut l'être, qu'autant que l'ignorance rend poſſible la ſéduction. Mais dans ce cas cette autorité court des riſques évidents ; car le propre de l'ignorance eſt de précipiter les hommes dans l'arbitraire ; par conſéquent de rendre tout incertain, inconſtant, variable en un mot, au gré des opinions que rien ne peut fixer, &

dont il est impossible de prévoir les écarts.

ON me désapprouvera peut-être de revenir si souvent sur la même vérité ; mais aussi tout m'y ramene malgré moi : la force irrésistible de l'évidence est le seul fondement solide sur lequel on puisse établir un pouvoir législatif : la soumission aux loix ne peut être ni vraie, ni générale, qu'autant qu'elle est d'accord avec nos volontés ; & elle ne peut l'être, qu'autant que l'évidence, ou du-moins la certitude de la sagesse des loix est répandue dans la nation.

M'OBJECTEROIT-ON que l'autorité législative, disposant de la force publique, peut assurer, par le moyen de cette force, l'observation de ces loix, quelles qu'elles soient ; mais, comme on l'a déja vu, cette force publique n'existe point par elle-même ; elle est le produit d'une réunion, de plusieurs forces : or pour opérer cette réunion il faut recourir à la force intuitive & déterminante de l'évidence, ou à son défaut, employer des moyens dont on ne peut se servir sans les détruire, & qui s'éteignent tous les jours, quand les loix positives font destructives de l'ordre essentiel des sociétés. Dans ce dernier cas, une telle autorité est réduite à devenir elle-même l'instrument de sa perte, à ne pouvoir chercher sa conservation que dans des expédients qui ne peuvent qu'accélérer sa chûte.

Les bornes de nos connoissances evidentes sont donc les bornes naturelles du pouvoir législatif, parce qu'il n'y a que l'évidence qui puisse réunir constamment tous les esprits & toutes les volontés dans un même point d'obéissance : la force physique & publique, établie sur la force irrésistible de l'évidence, se perpétue d'elle-même ; cette force irrésistible tient à la constitution de l'homme ; elle s'arme de ce qui est en lui pour dominer sur lui ; elle subjugue ses volontés sans offenser sa liberté ; elle ennoblit ainsi l'obéissance en la faisant participer à la sagesse du commandement ; elle est celle enfin par laquelle il a plu au Créateur que le genre humain fût invariablement gouverné , & conséquemment la seule qui puisse convenir à l'établissement du pouvoir législatif.

Mais toutes fois que cette force naturelle

turelle de l'évidence fera le fondement
du pouvoir légiflatif, il eft clair qu'il
embraffera tout ce qui peut devenir évident, & qu'il fera *focialement* impoffible de le divifer : tous les efprits étant
ralliés à l'évidence, il ne fe trouvera
plus qu'une feule & unique volonté, par
conféquent une feule & unique autorité.
Ce n'eft donc que par un effet naturel de
l'ignorance, qu'il peut arriver que ce
pouvoir foit partagé dans plufieurs
mains : ainfi l'ignorance , comme contraire *à l'unité* d'autorité, & comme propre à lui donner une extenfion déméfu-
rée, qui ne peut que lui devenir funefte,
eft pour l'autorité légiflative un écueil
dangereux, & le feul dont elle doit toujours s'éloigner.

ON pourra peut-être m'oppofer encore
que des exemples multiples de tous les
pays & de tous les fiecles prouvent que la
Magiftrature n'eft point un préfervatif
contre l'inftitution des mauvaifes loix ;
mais ces exemples font-ils choifis chez
des nations qui avoient une connoiffance
évidente de l'ordre, ou appartiennent-ils
à des peuples livrés à l'arbitraire, parce

Tome I. R

qu'ils l'étoient à l'ignorance & à l'erreur?
Dans ce dernier cas l'objection milite-
roit pour moi , & non contre moi : les
effets du défordre & ceux de l'ordre ne
peuvent jamais fe reffembler ; & certainement on ne peut rien conclure des uns
aux autres : dans un état de défordre
tout tend au mal , & dans l'ordre tout
tend au bien ; au moyen de quoi le mal
arrive *néceffairement* dans le premier ,
& le bien *néceffairement* dans le fecond.

Je ne jette les yeux fur aucune nation , fur aucun fiecle en particulier : je
cherche à peindre les chofes telles qu'elles doivent être *effentiellement* , fans confulter ce qu'elles font ou ce qu'elles ont
été , dans quelque pays que ce foit. Comme la vérité exifte par elle-même, qu'elle
eft vérité dans tous les lieux & dans tous
les temps ; fi-tôt que par l'examen & le
raifonnement , nous fommes parvenus à
la connoître avec évidence & dans toutes les conféquences *pratiques* qui en réfultent, les exemples qui paroiffent contrafter avec ces conféquences , ne prouvent rien , fi ce n'eft que les hommes qui

s'en font écartés, n'avoient pas une connoiffance évidente de cette vérité, & que leur ignorance leur a fait perdre les avantages qu'ils en auroient retirés.

L'ORDRE eft un affemblage de différentes caufes agiffant réciproquement les unes fur les autres : détachez un feul de fes refforts, les autres n'ont plus d'action. Si, par exemple, vous fuppofez une nation ignorante, je ne fais plus par quels moyens vous parviendrez fûrement à raffembler dans le corps de la Magiftrature, toutes les lumieres qu'il doit avoir ; comment vous pourrez le maintenir conftamment dans l'état où il doit être ; comment vous le préferverez toujours de la tiédeur & des influences d'un intérêt particulier défordonné. Il faut donc dans cette hypothèfe, que les Magiftrats reftent privés de la connoiffance explicite & évidente de l'ordre naturel & effentiel des fociétés, & des devoirs effentiels que cet ordre leur impofe ; mais alors l'autorité légiflative fe trouve fans défenfe contre la furprife & l'erreur ; les intérêts de cette au-

torité même, & ceux de toute la fociété font compromis, & de-là, naiffent *néceffairement* des abus qu'on re-
grette, mais trop tard, parce qu'on
n'apprend à les connoître que par les
effets funeftes dont ils font toujours
fuivis.

Il est certain que l'ordre ne peut
être obfervé qu'autant qu'il eft *fuffifamment* connu; il eft certain encore qu'il
n'eft *fuffifamment* connu que lorfqu'il
l'eft avec toute *l'évidence* dont il eft fufceptible; il eft certain enfin que s'il eft
des hommes qui foient *néceffairement*
obligés d'en avoir une connoiffance *évidente*, ce font principalement les Magiftrats, puifque fans cette connoiffance
ils ne peuvent être véritablement Magiftrats. Ainfi toute fociété dont les inftitutions tendroient à les difpenfer de
la néceffité de cette connoiffance *évidente*, feroit dans un état de défordre; &
les malheurs contre lefquels les Magiftrats ne lui auroient été d'aucun fecours, ne pourroient être propofés
comme exemples, pour prouver que
dans l'état contraire, dans un état con-

forme à l'ordre , leur miniſtere , aidé de la publicité de cette *évidence* , n'eſt pas ce qui doit conſtamment nous garantir de ces mêmes malheurs.

CHAPITRE XVI.

Le pouvoir légiſlatif ne peut être exercé que par un ſeul. Examen particulier du ſyſtême qui défere le pouvoir légiſlatif à la nation en corps : contradictions évidentes que ce ſyſtême renferme.

QUE le droit de dicter des loix qui ne ſont que l'expreſſion de l'évidence, ne puiſſe être ſéparé du droit de diſpoſer les forces que cette même évidence réunit au ſoutien de ſes loix , & qu'ainſi la puiſſance légiſlatrice & la puiſſance exécutrice ne puiſſent être qu'une ſeule & même puiſſance , je crois que ce ſont des vérités ſuffiſamment démontrées. La grande queſtion eſt donc de ſavoir dans quelles mains il convient mieux de placer la puiſſance exécutrice ; s'il eſt dans l'ordre eſſentiel des ſociétés qu'il n'y ait qu'un ſeul dépoſitaire de la force publique, ou si cet ordre permet que cette force se partage entre plusieurs.

ON NE PEUT former cette question qu'autant qu'on suppose qu'il s'agit d'un gouvernement à instituer parmi des hommes vivants dans l'ignorance, & n'ayant nulle idée de l'ordre naturel & essentiel des sociétés : par-tout où regne une connoissance évidente & publique de cet ordre, il est physiquement impossible qu'il puisse subsister un autre gouvernement que celui d'un seul. Je réserve pour les Chapitres suivants la démonstration évidente de cette vérité : je me propose seulement dans celui-ci de faire voir tout le faux d'un système fort accrédité, suivant lequel le pouvoir législatif ne peut être exercé que par la nation en corps.

CE SYSTEME doit le jour à l'idée qu'on s'étoit formée d'une égalité qu'on croyoit voir dans les conditions des hommes considérés dans ce qu'on a nommé l'état de pure nature, c'est-à-dire, dans celui qui a précédé l'institution des sociétés particulieres & conventionnelles. La premiere contradiction qui se fait remarquer dans cet ensemble, c'est

que la loi de la propriété, cette loi fon-
damentale des fociétés, cette loi qui eft
la raifon primitive de toutes les autres
loix, fe trouve *néceffairement* exclufive
de l'égalité. Cette égalité chimérique,
qui eft d'une impoffibilité phyfique dans
quelque état que vous fuppofiez les
hommes, n'a donc jamais pu donner
le droit de participer au pouvoir d'inftituer des loix, puifque le maintien de
l'égalité n'étoit pas l'objet des loix qu'il
s'agiffoit d'inftituer.

SUPPOSEZ deux hommes feulement;
à raifon des différences qui fe trouveront
entre leurs facultés, ainfi qu'entre les
hafards qu'ils rencontreront, leurs conditions ne feront point égales : faites que
pour s'entre-aider mutuellement, ils
forment une fociété; elle n'aura point
certainement pour but d'établir entre
eux l'égalité; car à ce marché l'un ga-
gneroit & l'autre perdroit, auquel cas
ce dernier ne confentiroit point à la fociété; mais leur objet fera de rendre
meilleur l'état de chacun d'eux, en proportion des avantages dont il jouiffoit
déja, & qui doivent le fuivre en fociété.

AINSI avant l'inftitution des fociétés

particulieres & conventionnelles les hommes avoient des droits qui dans le fait étoient inégaux ; & ces sociétés n'auroient jamais pu se former , si l'on se fût proposé de faire cesser cette inégalité qui tient au droit de propriété, premier principe constitutif de toute société. Les conventions ou les loix essentielles à l'institution des sociétés ont au-contraire *nécessairement* dû se proposer de faire respecter l'inégalité que ces droits avoient entre eux , & dont on ne pouvoit changer les proportions sans blesser cette justice par essence qui les avoit elle-même déterminées.

CEPENDANT si nous consultions chaque homme en particulier , nous trouverions en général qu'ils voudroient tous avoir des droits & point de devoirs, recevoir beaucoup & ne donner rien. Ce penchant naturel ne leur permet pas d'être Législateurs ; aussi l'Auteur de la nature ne leur a-t-il point laissé les loix à faire ; mais il leur présente des loix toutes faites, & il leur a donné une portion de lumiere suffisante pour en connoître évidemment la justice & la nécessité. Le pouvoir législatif ne peut donc

appartenir *de droit* qu'à ceux qui ont acquis cette connoissance évidente , & ce
pouvoir ne peut être exercé sans aucun
inconvénient , qu'autant que la force de
cette évidence n'est point combattue par
celle des intéréts particuliers ; car alors
il y auroit à craindre que celle-ci ne devînt dominante. Cette seule observation
suffit pour prouver que le pouvoir législatif ne peut être le partage d'une nation, d'une multitude d'hommes parmi
lesquels il subsiste & doit subsister des
droits inégaux , & qui cependant voudroient tous séparément que l'inégalité
fût en leur faveur.

UN des grands arguments qu'on emploie pour prouver que la nation doit
être elle-même la puissance législatrice , c'est de dire que les hommes ont
dû commencer par être en commun les
Instituteurs de leurs loix en formant des
sociétés particulieres. Mais en cela même on se trompe grossiérement ; car
dans l'origine des sociétés particulieres,
les hommes n'ont eu rien à faire que de
se soumettre à des loix déja faites , à des
loix simples dont la justice & la nécessité
étoient pour chacun d'eux de la même
évidence.

DANS ces premiers temps les hommes étoient peu nombreux, & les rapports qu'ils avoient entre eux n'étoient pas multiples, comme ils le font devenus à mesure que la population s'est accrue. Tant que les loix ont pu conserver ce premier degré de simplicité, on peut dire, en quelque forte, que tous les hommes étoient Législateurs, parce que cette simplicité leur rendoit sensible à tous la justice & la néceffité des loix auxquelles ils se foumettoient librement, quoique *néceffairement*.

IL NE faut pas confondre une société naiffante avec une société formée : quand il s'agit de fe réunir en société, chacun est *néceffairement* Législateur, parce qu'il n'y a point encore d'État gouvernant, & que chacun est le maître de ne pas foufcrire aux conditions de la réunion. Mais lorfqu'une société renferme une multitude d'hommes très-nombreufe, & qu'il s'agit de conftater d'une maniere claire & pofitive tous les devoirs & tous les droits réciproques qu'ils doivent avoir entre eux, cette multitude ne peut plus être légiflatrice, il ne s'agit plus pour elle d'établir des loix, mais

feulement de développer les conféquences de celles qui défa font établies , &
d'en faire l'application aux différents cas
qui doivent fe préfenter fucceffivement.
Ceux qui compofent cette multitude ne
peuvent alors s'attribuer de telles fonctions : en les exerçant ils fe trouveroient être juges & parties ; & l'oppofition de leurs intéréts particuliers les mettroit dans la néceffité de recourir à la
force pour les faire valoir. Il devient
donc d'une néceffité abfolue que le pouvoir légiflatif foit dépofé dans des mains
qui n'ayent rien de commun avec les
motifs qui peuvent concourir à l'égarer;
qu'il foit confié dans tout fon entier à
une puiffance qui ne puiffe avoir d'autre
intérêt que celui de conferver , par rapport à chacun en particulier , l'ordre
des devoirs & des droits tels qu'ils doivent être *néceffairement* d'après les loix
fondamentales & conftitutives de la fociété. Or il eft évident , ainfi que je le
démontrerai , que cette puiffance ne peut
être que le Souverain , tel que l'ordre
effentiel des fociétés veut qu'il foit inftitué.

Ceux qui ont adopté l'idée de déférer à une nation le pouvoir légiſlatif, ont *encore* imaginé de la conſidérer comme ne formant qu'un ſeul corps ; & de-là, ils ont conclu que ce corps ne devoit avoir d'autre Légiſlateur que lui-même, parce qu'il ne pouvoit recevoir des loix que de ſes propres volontés.

C'EST ainſi que les termes que nous employons au figuré ſont ſujets à nous égarer par le peu de juſteſſe qui regne dans leur application. Nous regardons une nation comme *un corps;* nous diſons qu'elle forme *un corps*, ſans examiner ni pourquoi, ni comment. Il eſt certain qu'elle forme *un corps* dans tous les cas où un intérêt commun & connu imprime à tous ceux qui la compoſent une volonté commune ; car c'eſt préciſément cette unité de volonté qui permet que pluſieurs puiſſent être conſidérés comme ne formant qu'un ſeul & même individu.

QUAND on enviſage une nation dans les rapports qu'elle a avec le Souverain, on voit tous ſes membres ſoumis à une même autorité, agiſſant par-conſéquent d'après une même volonté: dans ce point de vue, ils forment *un corps*, & ils le forment toujours, parce qu'étant tous & toujours gouvernés par une même volonté, ils ont tous & toujours la même direction. Mais entrez dans quelques détails; décomposez cette nation ; fuivez fa diftribution naturelle en différentes profeffions , en différents ordres de citoyens ; interrogez chaque claffe en particulier ; vous les trouverez toutes défunies , & divifées par des intérêts oppofés ; alors vous verrez que chaque claffe eft *un corps* féparé , qui fe fubdivife à l'infini , & que cette nation, qui vous paroiffoit n'être *qu'un corps* , en forme une multitude qui voudroient tous s'accroître aux dépens les uns des autres.

CETTE grande oppofition qui regne entre les intérêts particuliers des différentes claffes d'hommes qui compofent une nation, ne permet pas qu'on puiffe, à cet égard , la confidérer comme *un corps :* pour qu'elle ne formât réellement *qu'un corps* , il faudroit qu'il y eût chez elle unité de volonté ; & pour qu'il y eût unité de volonté , il faudroit qu'il y eût unité d'intérêt ; fans cela impoffible de concilier les prétentions. Ce qu'on appelle une nation *en corps* , telle qu'on la veut pour qu'elle puisse exercer le pouvoir législatif, n'est donc autre chose qu'une nation assemblée dans un même lieu, où chacun apporte ses opinions personnelles, ses prétentions arbitraires, & la ferme résolution de les faire prévaloir. Voilà ce prétendu *corps* qu'on veut établir Législateur ; il faut convenir qu'il est choisi fort singuliérement ; mais n'importe, allons aux voix & délibérons.

IL N'EST que deux façons de procéder aux délibérations : les résultats doivent être formés par l'unanimité complette de tous les suffrages, ou seulement par leur pluralité. L'unanimité complette est une chose dont on ne peut se flatter, vu la contradiction des intérêts, des prétentions, & même des opinions. D'ailleurs s'assujettir à ne déférer qu'à cette unanimité, ce seroit une loi choquante & contre nature ; car alors un seul & unique opposant, quel qu'il fût, seroit toujours présumé être lui seul aussi sage, aussi éclairé que tous les autres ensemble ; & il se trouveroit aussi fort que toute la nation *en corps*. Une telle loi mettroit les hommes dans le cas de respecter également la vérité la plus évidente, l'intérêt commun le plus généralement reconnu, & une simple opinion particuliere qui leur seroit opposée sans raison. Comme les suites funestes de cette absurdité sont connues de tout le monde, je les écarte pour arriver à la seconde façon de délibérer.

Voici donc que la loi proposée est reçue à la pluralité des suffrages : mais alors ce n'est plus toute la nation *en corps* qui fait la loi ; c'est une portion seulement de la nation qui la dicte à l'autre portion ; ainsi l'une la fait, & l'autre la reçoit contre sa volonté : celle-ci par-conséquent ne fait point partie *du corps* législatif ; si elle souscrit à la loi, ce n'est pas qu'elle l'accepte librement & volontairement, mais c'est qu'elle y est contrainte par des forces supérieures aux siennes.

On a donc abusé du mot, lorsqu'on a prétendu que la nation *en corps* pouvoit être législatrice, & qu'on s'est flatté d'écarter par ce moyen les inconvénients qui se trouvent dans l'opposition des intérêts particuliers. Le rapprochement momentané des individus ne fait pas

cesser

ceſſer cette oppoſition : de ce rapprochement fait ou à faire il réſulte ſeulement
des aſſociations ; & ces aſſociations forment un parti , qui ſe trouvant le plus
nombreux , le plus fort , devient dominant dans la délibération : l'aſſemblée finit ainſi par aſſervir la foibleſſe des
uns à la force des autres. Je laiſſe à décider ſi en pareil cas cette nation qu'on
regarde comme *un corps* , n'eſt pas au
contraire une nation très-réellement di-
viſée.

QUOI QU'IL en ſoit , la loi eſt reçue ;
elle eſt faite , & la nation , qui ne peut
reſter toujours aſſemblée , ſe diſperſe.
Auſſi-tôt elle ceſſe d'être *un corps* ; car
elle n'en étoit un qu'à raiſon de ce qu'elle
ſe trouvoit toute réunie dans un même
lieu. Alors ceux qui ont été d'un avis
contraire à la loi , ont tout l'avantage :
les autres qui ont fait force pour l'établir,
ne font plus force pour la faire obſerver;
elle eſt abſolument abandonnée à la diſ-
crétion de ceux dont l'autorité prend
la place de celle de la nation *en corps*.
Ainſi le réſultat de toute cette opération
faite par la nation *en corps* , eſt que les
uns n'ont pû parvenir à faire une loi ,

Tome I.   S

& que les autres ont fait une loi nulle, parce qu'elle eſt ſans autorité.

Pour ſentir combien une telle loi eſt néceſſairement dénuée d'autorité, il faut faire attention qu'en pareil cas ſon inſti-tution n'eſt pas l'ouvrage de l'évidence, mais celui de la pluralité des ſuffrages, & de la ſupériorité de la force acquiſe à leur pluralité dans le moment de leur ré-union paſſagere. Que reſte-t-il donc après l'inſtitution de la loi? Il reſte une loi dont la juſtice & la néceſſité n'ont rien d'évident; il reſte des Magiſtrats qui ne voient point une juſtice évidente ni dans la lettre, ni dans la raiſon de la loi; il reſte une puiſſance exécutrice qui ſe croit très-indépendante d'une loi faite par une puiſſance légiſlatrice qui ne ſub-ſiſte plus; ainſi cette loi n'a ni en elle, ni autour d'elle, aucune autorité qui puiſſe la faire reſpecter.

Mais, dira-t-on, ſi ceux qui, après la diſſolution de l'aſſemblée nationale, reſtent chargés du ſoin de faire obſer-ver les loix, les mépriſent, & s'éle-vent au-deſſus d'elles, la nation elle-même peut y remédier : à cet effet, elle peut indiquer des aſſemblées à des épo-

ques fixes & périodiques, pour y recevoir les plaintes des infractions faites
aux loix. Cet expédient, qui d'ailleurs
ne pourroit convenir qu'à un peuple
très-peu nombreux, & reſſerré dans
un territoire fort étroit, tend précisément à ériger l'aſſemblée nationale en
tribunal ſupérieur, & en cela on tombe dans une contradiction choquante ;
car dans l'aſſemblée nationale tous ceux
dont on ſe plaindroit comme infracteurs
des loix, ou comme ayant profité de
leurs infractions, auroient ſéance &
voix délibérative comme les autres ;
ils ſe trouveroient ainſi juges & parties : cependant ſi vous voulez les en
exclure ; de telles aſſemblées ne ſeront
plus celles de la nation *en corps*, mais
un corps particulier formé dans la nation, & qui par conſéquent jouïra d'un
pouvoir arbitraire, qui le rendra plei-
nement indépendant de la nation.

A LA contradiction évidente & ab-
ſurde qui regne dans un tel ſyſtême,
ajoutez qu'il tend à anéantir la Magiſtrature & la puiſſance exécutrice ;
car dans cette ſuppoſition, il n'y auroit de Juges ſouverains, ni d'autorité

souveraine,, que dans l'assemblée de la nation : ainsi la nation *en corps* seroit tout à la fois , puissance législatrice , puissance exécutrice & corps de Magistrature : par ce moyen tout seroit confondu : lorsqu'elle seroit assemblée , elle formeroit une puissance absolument & *nécessairement* indépendante des loix déja faites ; tout parti qui auroit pour lui le plus grand nombre des opinions ne reconnoîtroit aucune autorité supérieure à la sienne ; & dans cet état il n'existeroit qu'une autorité sans loix , qu'un État gouvernant sans État gouverné ; mais dès qu'elle seroit dispersée , il ne resteroit plus après la dissolution de cette puissance arbitraire , que des loix sans autorité , & un État gouverné sans État gouvernant : les suites nécessaires d'un tel désordre sont trop sensibles , pour que je puisse me permettre aucune réflexion à leur sujet.

CHAPITRE XVII.

Continuation du développement de la seconde classe des Institutions qui constituent la forme essentielle de la société. L'autorité tutélaire est nécessairement une, & par-conséquent indivisible, soit qu'on la considere dans la maniere dont elle s'établit, dans le premier principe dont elle émane, ou dans l'action qui lui est propre.

J'AI à démontrer que l'autorité tutélaire, ou l'administration de la force publique ne peut être déposée que dans les mains d'un seul, du moins sans blesser l'ordre naturel & essentiel des sociétés. Pour mettre cette vérité dans tout son jour, je commence par examiner de quelle nature est cette autorité ; quel est son caractere essentiel ; comment elle doit se former , se perpétuer & agir.

L'AUTORITÉ tutélaire doit être regardée comme étant d'inftitution divine , ainfi que les autres branches de l'ordre naturel & effentiel des fociétés. Quoique dans l'origine des chofes les hommes n'ayent dû l'établir entre eux que librement & volontairement , toujours eft-il vrai qu'ils y ont été contraints par la même néceffité qui les obligeoit de fe réunir en fociété , puifque fans l'établiffement de cette autorité, leur fociété n'auroit pu ni fe former ni fubfifter.

RÉUNISSEZ fur un même objet une multitude d'opinions & de volontés : de cette premiere réunion naîtra naturellement & *néceffairement* une réunion de forces phyfiques au foutien de ces mêmes volontés ; & du tout enfemble réfultera naturellement & *néceffairement* ce que nous nommons une autorité ; c'eft à-dire , *un droit de commander appuyé fur le pouvoir phyfique de fe faire obéir.*

SI ces mêmes opinions & ces volontés viennent à fe défunir , à fe divifer ,

par exemple, en deux partis, les forces
se diviseront également; il se trouvera
deux forces, deux autorités, par-conséquent deux sociétés; car il est impossible que dans une même société il existe
deux autorités. En effet, elles seroient
ou égales ou inégales entre elles : au
premier cas, l'une & l'autre, prises séparément, deviendroient nulles ; au second cas, la dominante seroit la véritable & unique autorité. Quand je dis
que séparément chacune des deux deviendroit *nulle*, il faut prendre ce terme
à la lettre ; car étant égales entre elles,
elles ne pourroient rien l'une sans l'autre : toutes deux ainsi n'auroient le pouvoir de se faire obéir qu'autant qu'elles
se réuniroient ; mais dès qu'elles se seroient réunies, elles ne formeroient
plus ensemble qu'une seule autorité qui
se trouveroit naître de leur réunion.

L'AUTORITÉ, considérée dans l'a-
ction qui lui est propre, n'est que le
pouvoir physique de se faire obéir, ce qui
suppose une force physique *supérieure*.
Or il est certainement *évident* qu'il ne
peut se trouver en même-temps & dans
une même société, deux forces physi-

ques *supérieures*. Il peut bien cependant
se former deux forces particulieres &
distinctes l'une de l'autre ; mais il n'est
pas possible qu'elles soient toutes deux
supérieures ; aussi cet état est-il un état
de guerre qui ne peut se pacifier que
par l'extinction totale de l'une de ces
deux forces.

Il est donc de l'essence de l'autorité de ne point être partagée : la diviser
ce seroit la réduire à l'impossibilité d'a-
gir , & par-conséquent l'annuller ; car
l'autorité n'est autorité, qu'autant qu'elle
peut agir pour faire exécuter ses volontés.

Mais si elle est nécessairement *une*
par rapport à l'action qu'elle doit avoir,
elle l'est encore nécessairement par rapport au principe dont elle émane : l'autorité résidant dans la force publique
dont elle dispose, & la force publique,
qui n'est autre chose que la réunion des
forces particulieres, ne pouvant être solidement établie , qu'autant que cette réunion est l'ouvrage de la force intuitive
& déterminante de l'évidence qui commence par réunir toutes les volontés,
il est certain que par-tout où se trouve
une

une connoiffance évidente de l'ordre,
il ne peut exifter deux forces publiques :
l'évidence qui eft *une* ne peut préfenter
qu'un feul point de réunion pour les
volontés & les forces ; elles ne peuvent
donc fe divifer, qu'autant qu'elles font
privées de l'évidence, ou du-moins de
la certitude qui la fupplée, & qu'égarées
ainfi par l'ignorance, elles fe trouvent
livrées à l'arbitraire.

PARTANT de l'évidence nous trouvons donc *unité* de volonté, de force &
d'autorité ; & cette autorité unique eft
la feule que l'ordre naturel & effentiel
des fociétés puiffe admettre ; car cet ordre veut que l'évidence foit la regle de
nos actions, puifque nous fommes tout
à la fois organifés pour la connoître, &
pour qu'elle afferviffe *fans violence* toutes nos volontés.

CHAPITRE XVIII.

Suite du Chapitre précédent. La puissance exécutrice ne peut être exercée par plusieurs Administrateurs. Inconvénients généraux de cette pluralité vue en elle-même ; autres inconvénients particuliers qui naissent de la maniere de composer le corps d'Administrateurs.

DE *l'unité* essentielle à l'autorité résulte une conséquence évidente, c'est qu'elle ne peut être exercée par plusieurs. La force publique qui constitue l'autorité, ne peut rien par elle-même & sans le ministere d'un agent qui lui donne la direction qu'elle doit suivre : par elle-même elle est aveugle ; il lui faut un guide pour l'empêcher de s'égarer. Le propre de cette force est donc de rester sans mouvement, jusqu'à ce que la volonté qui est en droit de la commander, la fasse agir. Par ce moyen cette même force devient *personnelle* à la volonté qui la met en action; c'est dans cette volonté qu'elle réside en son entier. De-là s'ensuit que lorsque l'administration de la force publique est dans les mains de plusieurs, cette force se trouve naturellement & *nécessairement* partagée en autant de portions qu'il y a de volontés instituées pour ordonner de son mouvement; ainsi par cette raison l'ordre réprouve cette forme de gouvernement.

JE SAIS qu'on peut alléguer que chacune de ces volontés en particulier & séparément des autres, ne dispose point de cette force; qu'elle ne leur est acquise qu'autant qu'elles sont toutes réunies, ou du-moins qu'elles sont dominantes par leur nombre. Mais chaque branche de cette alternative tend à établir l'autorité sur une autre base que sur la force protectrice de l'évidence : cette façon de dénaturer ainsi l'autorité dans son principe la conduit à occasionner de grands désordres.

SI dans un corps d'administrateurs une seule volonté peut arrêter l'effet de toutes les autres, c'est opposer à l'acti-

vité qui caractérise l'autorité, une force
de résistance invincible pour elle ; c'est
la réduire à l'inaction ; c'est l'anéantir :
l'autorité, dont le propre est d'agir, ou
du-moins de pouvoir agir, n'existe alors
ni dans ceux *qui veulent*, puisque leurs
volontés ne peuvent la mettre en action,
ni dans celui *qui ne veut pas*, puisque son
opposition ne sert qu'à priver l'autorité
du mouvement sans lequel elle n'est plus
rien. Une telle police ne peut jamais
subsister paisiblement, car elle est *contre
nature :* elle attribue à une erreur évidente, la même autorité qu'aux vérités
publiquement reconnues ; elle place sur
une ligne parallele, l'intérêt particulier
d'un seul & l'intérêt commun de tous ;
par ce moyen elle met en opposition la
foiblesse & la force : il n'est donc point
étonnant qu'on voie en pareil cas les
hommes s'entr'égorger pour se mettre
d'accord.

POUR éviter ces inconvénients, le
moyen qu'on emploie est d'assujettir le
corps d'administrateurs à se décider par
la pluralité des suffrages. Mais cette mé-
thode, qui ne peut avoir lieu que dans
des cas problématiques & susceptibles

d'une diverſité d'opinions , contraſte
ſenſiblement avec *l'évidence*, que l'autorité doit toujours prendre pour guide :
ce qui partage les opinions ne peut être
regardé comme *évident* ; or comme en
fait de gouvernement tout doit être *évident*, il ne doit s'y trouver rien d'arbitraire , & il ne peut y avoir diverſité
d'opinions, que par un effet de l'ignorance ou de la mauvaiſe volonté des dé-
libérants.

AINSI l'obligation de déférer à la pluralité des ſuffrages ſuppoſe néceſſairement dans un corps d'adminiſtrateurs ,
ou de l'ignorance ou de la mauvaiſe volonté ; mais malheureuſement cette maniere de délibérer ne peut remédier ni à
l'une ni à l'autre : quelques voix de plus
ou de moins ne peuvent jamais être regardées comme des preuves ſuffiſantes
de la juſteſſe ou de la fauſſeté d'une opinion ; & l'expérience nous apprend que
pendant long-temps une erreur accrédi-
tée réunit beaucoup plus de partiſans ,
que la vérité qui lui eſt contraire ; auſſi
quelque nombreux que des ſuffrages
puiſſent être , leur multitude ne peut-
elle jamais rendre évident ce qui ne l'eſt

pas ; leur opinion n'eſt jamais qu'une opinion, qui par conſéquent eſt ſujette à changer ; car il n'y a d'immuable que l'évidence.

Quant à la mauvaiſe volonté, comme elle réſulte des intérêts particuliers, on ne peut jamais être aſſuré que le nombre de ceux que ces intérêts particuliers dominent, ne ſoit pas le plus grand : ainſi à cet égard la pluralité des ſuffrages ne peut encore être d'aucune ſûreté.

Malgré les différences prodigieuſes qui ſe trouvent, à pluſieurs égards, parmi les hommes, il eſt en eux deux mobiles communs qui les mettent tous en action : l'appétit des plaiſirs & l'averſion de la douleur ſont ces mobiles communs qui tiennent à notre conſtitution, & qui ſont les principes de tous nos mouvements. Vouloir que l'homme agiſſe dans un ſens contraire à l'impulſion de ces mobiles, c'eſt prétendre changer l'ordre immuable de la nature ; c'eſt ſe propoſer de rendre les effets indépendants des cauſes ; c'eſt entreprendre de faire remonter une riviere vers ſa ſource.

J'ai déja dit que par les termes de

plaisirs & de douleur, il faut entendre, non-seulement nos sensations physiques, mais encore nos affections morales ou sociales ; & j'ai fait observer que très-souvent ces dernieres, qui doivent beaucoup à l'opinion, agissent sur nous bien plus puissamment, bien plus despotiquement que les premieres. Aussi après la force de l'évidence, n'est-il point de force égale à celle de l'opinion. Heureux, heureux les hommes dont la société est instituée de maniere que l'opinion ne puisse empécher le desir de jouïr de tourner au profit commun du corps social ! il doit alors se former des prodiges de vertu dans tous les genres que l'ordre essentiel de la société peut comporter.

MAIS ce n'est point dans un gouvernement où l'autorité est partagée dans les mains de plusieurs, que l'opinion & le desir de jouïr doivent *naturellement &* *constamment* tendre au bien commun de la société. Cette forme de gouvernement péche dans son principe, en ce qu'elle prend pour arbitres de l'intérêt public, des agents qui peuvent avoir des intérêts particuliers très-opposés : alors

le defir de jouïr doit *naturellement* les
incliner à préférer leurs intérêts particuliers à l'intérêt public.

Je ne prétends pas dire que cela fe
paffe ainfi toujours & dans tous les pays
qui ont adopté un gouvernement de
cette efpece : le cours des défordres qui
lui font propres, peut trouver de temps
en temps une barriere dans les vertus
perfonnelles de ceux qui gouvernent ; &
je déclare encore une fois que je ne parle
d'aucune nation, ni d'aucun fiecle en
particulier ; mais je foutiens, & je ne
crains pas d'être contredit, je foutiens,
dis-je, qu'en général l'intérêt public n'eft
pas dans des mains fûres, quand il s'y
trouve en oppofition avec les intérêts
particuliers de ceux auxquels il eft confié ; qu'il eft au-contraire évident qu'a-
lors il a tout à craindre de ces mêmes
intérêts particuliers, & du defir de
jouïr.

Si plufieurs adminiftrateurs apper-
çoivent de grands avantages perfonnels
dans quelques préjudices faits ou à faire
à la nation, je demande qui eft-ce qui
pourra l'empêcher d'être facrifiée ? Ce
ne feront pas les mobiles par lefquels la

nature s'est proposé de nous conduire ;
car ils agissent alors dans ces administrateurs contre l'intérêt de la nation : ce ne
sera pas non plus une autre autorité,
contraire à celle dont ils disposent, puisqu'ils tiennent en main toute la force
publique : le danger de la nation est
donc évident ; il prend sa source dans la
nature même de notre constitution.

EN VAIN m'alléguera-t-on que ce malheur ne résulte pas toujours de cette
forme de gouvernement ; je l'accorde ;
& je sais qu'il peut se trouver des hommes vertueux, uniquement par amour
pour la vertu ; mais cette façon de jouïr
n'est pas celle du plus grand nombre ;
nous savons au-contraire qu'elle est très-
rare, & même que plus elle est vraie &
moins elle est connue : ainsi dans la plupart des hommes le desir de jouïr peut
devenir funeste à l'administration ; il le
doit même, suivant l'ordre de la nature,
lorsque l'administrateur trouve dans les
abus de son autorité, les moyens de satisfaire ce desir. Cette forme de gouvernement est donc tout au-moins *dange-*
reuse, & cela me suffit pour prouver
qu'elle n'est pas celle qui convient à l'or-

dre effentiel des fociétés; car *l'ordre ne peut & ne doit avoir rien de dangereux*, attendu que *le propre de l'ordre eft de tendre néceffairement au plus grand bien poffible*, & que *dans l'ordre le plus grand bien poffible arrive néceffairement*.

JE ne difconviens pas cependant que l'inconvénient des intérêts particuliers puiffe trouver un contre-poids dans les lumieres de la nation : il n'eft pas douteux que dans une nation éclairée, dans une nation qui auroit une connoiffance *évidente* de fes véritables intérêts, le corps d'adminiftrateurs ne pourroit abufer de fon autorité, parce qu'alors l'évidence de l'abus anéantiroit cette même autorité. Je ne répéterai point ce que j'ai dit fur le pouvoir de l'évidence; comme elle réunit à elle toutes les volontés, toutes les forces, & par conféquent toute l'autorité; il ne s'agit ici que de tirer la conféquence de ces vérités, & de voir que l'autorité de ce corps d'adminiftrateurs s'anéantiroit *néceffairement*, dès qu'il auroit contre lui la force irréfiftible de l'évidence, principe unique d'une puiffante & folide autorité.

MAIS en accordant que dans le gouvernement dont il s'agit, les lumieres de la nation peuvent la garantir des inconvéniens dont il eſt *néceſſairement* ſuſceptible, je dois obſerver que cette hypothèſe implique contradiction : là où ſe trouve un tel gouvernement, nous ne pouvons ſuppoſer que la nation poſſede une connoiſſance évidente de l'ordre naturel & eſſentiel des ſociétés, puiſque cet ordre ne peut jamais admettre une forme de gouvernement qui place l'intérêt commun d'une ſociété, en oppoſition avec les intéréts particuliers de ſes adminiſtrateurs ; & qui, en dépoſant l'autorité publique dans pluſieurs mains, parvient à diviſer ce qui par eſſence eſt indiviſible.

La contradiction qui regne dans cette hypothèſe, eſt d'autant plus frappante, que tandis qu'on ſuppoſe une nation aſſez inſtruite pour que l'évidence réuniſſe toutes ſes volontés contre ce qui pourroit bleſſer les loix de l'ordre eſſentiel des ſociétés, on ſuppoſe en même-temps ſes adminiſtrateurs, aſſez ignorants pour que leurs opinions puiſſent ſe diviſer, & qu'il ſoit néceſſaire de les aſſujettir à la loi de la pluralité des ſuffrages, faute de

pouvoir se rallier à l'évidence. On veut
ainsi que ce qui est évident pour toute
la nation, ne le soit pas pour ses administrateurs ; on veut que sans consulter
l'évidence de l'ordre, ce soit la pluralité
des suffrages qui dicte le commandement, & que ce soit cependant cette
même évidence qui détermine ceux qui
doivent l'exécuter ; on veut que ceux
qui commandent puissent se tromper, &
que ceux qui obéissent ne le puissent pas ;
on veut enfin que l'autorité soit d'un
côté, & d'un autre côté la force irrésistible de l'évidence en opposition avec
l'autorité dont elle doit être le principe:
c'est renverser les notions les plus évidentes ; c'est vouloir des choses mani-
festement contradictoires, des choses
physiquement & moralement impossibles.

Toute nation qui croit que l'autorité doit être acquise à la pluralité des
suffrages, & qui donne à cette pluralité
le pouvoir de tenir la place de l'évidence, n'a certainement point une connoissance *évidente* de l'ordre qui constitue
son meilleur état possible : si elle avoit
cette connoissance *évidente*, sa première

loi feroit de ne jamais être gouvernée
que par cette évidence qui réuniroit à
elle tous les efprits, toutes les volontés
& toutes les forces; l'évidence jouïffant
ainfi de toute l'autorité qui lui eft propre, cette nation éclairée ne feroit point
dans le cas de compter les fuffrages, &
d'abandonner fon fort à la foible pré-
fomption réfultante d'une pluralité qui
ne peut ni établir, ni détruire l'évidence.
En deux mots, la pluralité des fuffrages
n'a pu être imaginée que pour les cas
problématiques, & pour fuppléer l'évidence : ainfi par-tout où cette pluralité
décide, il eft certain que l'évidence de
l'ordre ne gouverne pas; par conféquent
qu'elle n'eft point acquife; car fi elle l'é-
toit, elle gouverneroit. Or fi-tôt que
l'ordre n'eft point évident, le gouvernement devient néceffairement arbitraire : entre l'évident & l'arbitraire on ne
connoît point de milieu.

JE ne crains pas de répéter ce que j'ai
déja dit : la pluralité des fuffrages ne peut
jamais rendre *évident* ce qui ne l'eft pas.
Cette façon de délibérer n'eft utile que
dans les cas qui, n'ayant rien *d'évident*,
ne préfentent à l'efprit qu'un certain

nombre de faits & de conjectures dont le rapprochement & l'examen font néceffaires pour former ce qu'on appelle une opinion. Mais les premiers principes de l'adminiftration & leurs conféquences n'ont rien de conjectural; ils font fufceptibles de démonftration *évidente* comme toutes les vérités géométriques : & comment ne le feroient-ils pas, puifqu'ils font tous renfermés dans le droit de propriété? C'eft donc une contradiction manifefte que de fuppofer qu'une nation ait une connoiffance évidente & publique de fon ordre effentiel, & néanmoins qu'elle puiffe donner à fon gouvernement une forme qui ne peut avoir lieu que quand les principes en font incertains & arbitraires.

RÉSUMONS-NOUS donc, & difons : par trois raifons, le dépôt de l'autorité dans les mains de plufieurs adminiftrateurs eft contraire à l'ordre effentiel de la fociété 1°. Il divife l'autorité qui, par effence, ne comporte point de partage. 2°. Il expofe l'intérêt public à toute la fureur des intérêts particuliers; il fait contrafter ainfi le devoir avec les mobiles qui nous font agir. 3°. Il attache au nombre des suffrages, une autorité despotique qui ne peut & ne doit appartenir qu'à l'évidence; par ce moyen ce n'est point l'évidence qui gouverne; c'est l'opinion, ou, si l'on veut, c'est la volonté d'un certain nombre d'hommes livrés à une même opinion.

CE dernier inconvénient ne peut être apprécié; il est sans bornes; il est la source de tous les autres. En effet, je suppose que l'avis le plus nombreux soit dicté par des intérêts particuliers, & que le moins nombreux ait pour lui *l'évidence*; n'est-il pas monstrueux que ce soit le premier qui l'emporte: & que la forme du gouvernement fournisse à la mauvaise volonté, un titre qui lui donne le droit de triompher de *l'évidence* même? Cet excès de désordre est cependant inévitable en pareil cas; car cette *évidence* est étouffée sous le poids des opinions qui lui sont opposées; & la nation qui s'est fait une regle *de croire aveuglément* au plus grand nombre des suffrages, qui d'ailleurs, par toutes les raisons que j'ai dites précédemment, n'est pas alors en état de les juger elle-même, reste absolument sans défense contre tous les fléaux dont cette mauvaife volonté peut l'accabler, fur-tout fi cette mauvaife volonté fe trouve dans des hommes qui par leurs talents & leurs richeffes, foient parvenus à fe rendre puiffants.

Lorsque je fuis convenu qu'un corps d'adminiftrateurs peut gouverner avec fageffe & avec équité, j'ai toujours fous-entendu que ce corps ne feroit pas tout à la fois dépofitaire de l'autorité publique & chargé des fonctions de la Magiftrature : j'ai démontré dans les chapitres précédents que cet affemblage feroit deftructif de tout ordre focial, parce qu'il tendroit à rendre tout arbitraire.

Ce n'eft donc qu'en féparant ces deux états, & inftituant entre les adminiftrateurs & la nation, un corps de Magiftrats, tel qu'il doit être, que je reconnois qu'il peut fe faire que pendant un temps, une nation foit bien gouvernée par plufieurs ; mais alors c'eft aux qualités perfonnelles des adminiftrateurs, & non à la forme du gouvernement, qu'on en eft redevable; car par elle-même cette forme eft évidemment vicieufe; quelques précautions qu'on prenne, il eft deux inconvénients dont il eft
impoffible

impoffible de la garantir pour toujours : le premier eft, comme je viens de le dire, celui des intérêts particuliers, qui dans ces adminiftrateurs peuvent fe trouver très-contraires à l'intérêt public ; le fecond eft la licence que l'adminiftration de l'autorité peut faire naître dans ceux qui en font chargés : infenfiblement l'autorité de la chofe ou de la place devient celle de la perfonne ; & bien-tôt cette autorité, devenue perfonnelle, fe trouve être une fource d'abus préjudiciables au droit de propriété & à la liberté des citoyens.

Je pourrois ajouter encore que quel que foit le corps des adminiftrateurs, on ne peut jamais empêcher qu'il ne s'y rencontre fouvent des hommes qui, par un effet naturel de leur génie & de leur caractere, fe rendent dominants, & parviennent ainfi à s'approprier un pouvoir defpotique & arbitraire, qui eft d'autant plus dangereux, que le defir de jouïr les preffe à chaque inftant d'en abufer. Voilà pourquoi nous voyons fi fouvent dans l'hiftoire, des hommes à grandes paffions ou à grands talents, tantôt immolés, & même injuftement, à la liberté

Tome I. V

de la nation, & tantôt parvenus rapidement à lui donner des fers.

Jusqu'ici je n'ai parlé que des inconvéniens qui font *essentiellement* attachés au gouvernement de plusieurs : ceux-là font, pour ainsi dire, dans la nature même de la chose; mais il en est d'autres encore qui réfultent de fa forme, c'est-à-dire, de la maniere dont le corps d'Administrateurs peut être composé.

Le Gouvernement Aristocratique multiplie les despotes arbitraires; j'entends par ce nom, des gens puissants qui fe croient au-dessus des loix. Chaque grand propriétaire commande despotiquement à la portion du peuple qui correspond à lui : de-là les vexations arbitraires, les tyrannies, les excès de toute forte : les peuples font opprimés, parce qu'ils font comptés pour rien, quoiqu'ils foient une des principales fources des richesses & des forces de l'Etat.

Cette fituation défaftreufe n'est pas le feul mal que produife le gouvernement des grands : chacun de ces despotes voit dans les autres despotes, des puissances rivales & redoutables pour lui : bientôt cette rivalité fe change en affociations; & ces affociations conduifent à l'anarchie, aux défordres dans tous les genres; il ne refte au peuple de reffource que de s'enfuir fur *le Mont-facré*, dans un pays où l'ordre puiffe le mettre à l'abri de l'oppreffion.

D'UN autre côté, le peuple proprement dit, livré à l'ignorance & aux préjugés, ne regarde jamais qu'autour de lui : chaque canton croit voir tout l'intérêt de l'Etat dans celui de fon canton; chaque profeffion croit voir tout l'intérêt de l'Etat dans celui de fa profeffion ; la fcience des rapports lui eft abfolument inconnue ; il ne lui eft pas poffible de remonter des effets aux caufes, encore moins de fe livrer à l'étude des liaifons qu'elles ont entre elles. Il lui devient donc moralement impoffible d'agir par principe & par mefure : toujours crédule & fufceptible de prévention, pour le perfuader il faut le gagner, pratiquer auprès de lui les mêmes infinuations comme pour le féduire; par cette raifon toujours inconftant & orageux, fes réfolutions indélibérées ne font jamais que le produit de la fenfation du moment.

EN GÉNÉRAL, les grands propriétai-

V ij

res croient que le peuple eft fait pour
eux, & que tout leur eft dû. Le peuple à
fon tour, envieux de l'état des grands
propriétaires, eft fouvent tenté de regarder comme une injuftice, l'inégalité
du partage entre eux & lui ; & cette opinion tend à l'aveugler fur le choix des
moyens de rétablir entre eux & lui une
forte d'équilibre.

IL EST DONC certain qu'on ne peut,
fans de nouveaux inconvéniens, choi-
fir les adminiftrateurs dans l'un de ces
deux états *exclufivement* à l'autre : chacun d'eux a des fyftêmes, ou plutôt des
préjugés qui lui font propres, & qui ne
permettent pas que l'un puiffe gouverner, fans que l'autre foit accablé du
poids de l'autorité.

QUAND même le corps d'adminiftrateurs feroit mi-parti ; quand même ils
feroient choifis en nombre égal parmi les
grands & parmi le peuple, chacun de
ces deux partis n'en feroit pas moins
attaché aux préjugés & aux prétendus
intérêts particuliers de fa claffe ; ainfi ce
mélange ne ferviroit qu'à mettre une
plus grande divifion dans ce corps, dont
les membres alors ne pourroient dif-

ficilement fe concilier , qu'en fe prêtant
mutuellement à facrifier l'intérêt public
à leurs intérêts perfonnels bien ou mal
entendus.

JE NE m'arrêterai point à démontrer
que toute la nation en corps ne peut
exercer l'autorité : l'autorité n'exifteroit réellement qu'autant que ce corps
exifteroit lui-même ; or pour que la nation pût former un corps toujours exi-
ftant , il faudroit qu'elle fût toujours
affemblée , chofe impoffible ; elle eft
au-contraire dans la néceffité d'être toujours difperfée. D'ailleurs fi la nation en
corps s'étoit réfervé l'exercice de l'autorité tutélaire, il en réfulteroit , comme je l'ai dit précédemment , qu'alternativement il fe trouveroit une autorité
fans loix , & des loix fans autorité ; un
État gouvernant fans État gouverné, &
un État gouverné fans État gouvernant,
ce qui feroit une abfurdité de la plus
grande évidence.

CHAPITRE XIX.

Seconde suite du Chapitre XVII. Conséquence résultante nécessairement des démonstrations précédentes. L'autorité tutélaire ne peut être exercée que par un seul. Définition du meilleur gouvernement possible vu dans l'intérêt commun de l'État gouvernant & de l'État gouverné. Exposition des rapports nécessaires entre les intérêts d'un Chef unique & ceux de la nation : il est Co-propriétaire du produit net des terres de sa domination. La Souveraineté doit être héréditaire. Cette condition est essentielle pour que le gouvernement d'un seul devienne nécessairement le meilleur gouvernement possible.

QUELLE est donc la meilleure forme

de gouvernement? Quelle eſt donc celle qui ſe trouve ſi parfaitement conforme à l'ordre naturel & eſſentiel de la ſocié-té, qu'il ne puiſſe en réſulter aucun abus ? Cette meilleure forme de gouvernement eſt celle *qui ne permet pas qu'on puiſſe ga-gner en gouvernant mal , & qui aſſujettit au-contraire celui qui gouverne , à n'avoir pas de plus grand intérêt que de bien gou-verner.* Or ce point de perfection, vous ne pouvez le trouver que dans le gou-vernement d'un ſeul ; dans le gouverne-ment d'un chef *unique* qui ſoit le centre commun dans lequel tous les intérêts des différents ordres de citoyens vien-nent ſe réunir ſans ſe confondre ; & qui pour ſon intérêt perſonnel , les protege tous, les maintienne tous dans toute la plénitude de leurs droits , & ſache ainſi garder le point d'équilibre où l'ordre eſſentiel des ſociétés les a placés pour leur utilité réciproque.

QUAND je dis un chef *unique* , je n'en-tends parler que d'un Souverain par droit d'hérédité, & non d'un Souverain par élection : ils different l'un de l'autre en ce que le premier eſt un véritable *Propriétaire* , & que le ſecond n'eſt qu'un

Ufufruitier, qui par conséquent se trouve fortement intéressé à profiter de son usufruit pour augmenter la grandeur de sa famille, ainsi que la fortune dont il jouit, à tout autre titre que celui de Souverain.

AVANT de passer à d'autres observations, je préviens que je n'examine point comment les Souverains électifs gouvernent, ni comment ils ont gouverné. Je dirai de cette forme de gouvernement ce que j'ai dit des autres : ses vices peuvent trouver des contre-poids dans les vertus personnelles de celui qui gouverne ; mais n'étant ni historien, ni critique, ni courtisan, je n'ai nul motif pour approfondir si cela est, ou si cela n'est pas ; car en supposant que cela soit, on ne peut rien conclure de ce hazard heureux. Quelque sage, quelque éclairé qu'un tel Prince puisse être, il n'en est pas moins vrai que la forme de son gouvernement est un désordre, en ce qu'elle établit en lui de puissants intérêts qui peuvent le porter à abuser de son autorité : il ne faut que faire une légere attention à la différence qui se trouve entre un homme & un autre homme, pour être convaincu

que

que les vertus morales & perfonnelles ne peuvent jamais fervir de bafe à un gouvernement, qui eft une inftitution faite pour fubfifter à perpétuité : compter fur le perfonnel c'eft tomber dans l'arbitraire ; c'eft rendre variable & accidentel, ce qui doit être *néceffaire* & immuable.

DANS les Monarchies électives il eft trois temps qu'il faut confidérer : celui de l'élection, celui qui la précede, & celui qui la fuit. L'élection doit être toujours & *néceffairement* troublée par une multitude de prétentions & d'intérêts particuliers qui ne manquent jamais de divifer tant les nationaux que les puiffances étrangeres qui croient devoir influer fur ces opérations ; ces troubles font de telle nature, que pour l'ordinaire on arrofe de fang l'élection d'un Miniftre de paix.

QUAND, au mépris d'une expérience conftante, on fuppoferoit que la liberté regne dans une affemblée nationale convoquée pour l'élection d'un Souverain, il feroit phyfiquement & moralement impoffible que le choix pût être fixé par

Tome I.   X

des connoiſſances *évidentes*; car il eſt phyſiquement & moralement impoſſible de connoître *évidemment* l'intérieur d'un homme, ſur-tout lorſqu'il ſe croit intéreſſé fortement à ne point ſe laiſſer pénétrer. Quand il s'agit de ſonder la profondeur & les replis du cœur humain, on ne peut que préſumer, eſtimer, avoir opinion; & quand il ſeroit véritablement ce qu'il paroît être dans les circonſtances où il ſe trouve, on ne peut ſe promettre avec ſûreté que dans toute autre circonſtance il ſera toujours ce qu'il eſt. Mais ſi nous ne pouvons porter d'autre jugement ſur les hommes que nous fréquentons le plus, comment une nation entiere peut-elle ſe décider avec quelque *certitude* ſur le choix d'un Souverain, tandis que ce qu'on peut appeller la multitude, ne connoît que par des relations fort éloignées & fort équivoques, ceux parmi leſquels elle doit choiſir ?

Le temps de l'élection ne peut donc être qu'un temps orageux à tous égards, où toutes les paſſions dont les hommes ſont ſuſceptibles, ſe raſſemblent pour ſe

déployer & se mouvoir au gré de l'opinion. Mais il ne faut pas croire que ce
temps soit celui qu'elles attendent pour
agir : les événements qu'il amene doivent être préparés de longue main, par
tous les inconvénients qui résultent nécessairement des cabales & des différentes pratiques que chacun des prétendants
emploie pour se faire des partisans *per
fas aut nefas* : la nation se divise ainsi en
plusieurs partis, disons mieux, en plusieurs nations ennemies les unes des autres : je laisse à penser ce que l'intérêt
commun doit en souffrir.

LES maux dont je viens d'indiquer
les sources paroîtroient peut-être légers,
si l'élection pouvoit les terminer : mais
les intérêts particuliers du Souverain élu,
& les prétentions du parti dont la puissance l'a couronné, doivent nécessairement en faire naître d'une autre espece :
toutes les places de l'administration ne
doivent plus être remplies que par les
créatures de ce nouveau Souverain ; &
comme elles ne peuvent avoir d'autre
intention que celle de tirer de leur faveur, les plus grands avantages possi-

bles, il fe perpétue naturellement entre elles & lui, une efpece d'affociation dont le réfultat ne peut être que funefte à la nation ; car ce n'eft que fur la nation que le Souverain peut prendre de quoi payer ceux qui lui font ainfi vendus ; & d'un autre côté ceux qui fe vendent au Souverain, font intéreffés à lui livrer la nation pour être payés.

Ces fortes d'affociations font impoffibles dans une Monarchie héréditaire, lorfque le Souverain n'eft point aveuglé fur fes véritables intérêts. Comme il eft propriétaire *né* de la fouveraineté, dont les intérêts font les mêmes que ceux de la nation, il ne peut trahir ceux de la nation, qu'il ne trahiffe auffi ceux de la fouveraineté, qui font les fiens propres. Or, il feroit contre nature qu'il le fît avec connoiffance de caufe, aucun de fes fujets ne pouvant, ou du moins ne devant avoir d'autres prétentions que celles qui font dans l'ordre & la juftice. Toutes perfonnes chargées de quelque adminiftration lui doivent donc alors un compte rigoureux de leur conduite; & à cet égard il ne peut fubfifter d'autres abus que ceux qui peuvent réfulter de l'ignorance, & qui par conféquent ne peuvent avoir lieu dans une nation parvenue à une connoiffance évidente & publique de l'ordre naturel & effentiel des fociétés.

Il faut obferver ici que ce préfervatif contre tous les abus de l'adminiftration, ne peut fe trouver dans une Monarchie élective ; car toute nation qui aura une connoiffance évidente & publique de fon ordre effentiel, fe gardera bien de rendre les intérêts de la fouveraineté étrangers à ceux du Souverain. Ainfi dès qu'il eft électif, il eft certain que cette connoiffance évidente & publique n'eft point acquife à la nation ; & conféquemment que fon ignorance rend poffibles tous les défordres que l'arbitraire peut introduire dans l'adminiftration.

Cette derniere obfervation m'en fuggere encore une autre par laquelle je me propofe de terminer cette differtation : par la raifon que nous ne pouvons fuppofer une Monarchie élective gouvernée par l'évidence d'un ordre naturel & effentiel à toute fociété, il faut donc

que fa légiflation pofitive, fon adminiftration civile & politique ne foient que
de fimples opinions ; elles font par conféquent expofées à beaucoup de variations ; car par leur nature elles ne peuvent être immuables. Mais fi le Souverain veut les changer, le pourra-t-il, ou
ne le pourra-t-il pas ? S'il le peut, il eft
defpote, & defpote arbitraire ; auquel
cas plus de loix conftantes, plus de droits
certains, plus de devoirs, plus de fociété, plus de nation : s'il ne le peut pas, il
n'eft point véritablement Souverain ; la
plénitude de l'autorité réfide dans la
puiffance quelconque qui rend nulles les
volontés qu'il a formées ; le defpotifme arbitraire appartient ainfi à cette
puiffance, & point du tout au Souverain.

CE n'eft donc que dans les Monarchies héréditaires qu'on peut trouver un
véritable Souverain. Non pas cependant
qu'il puiffe arbitrairement renverfer &
changer les loix ; mais s'il ne le peut pas,
c'eft qu'il en eft empêché par une puiffance qui ne lui permet pas même d'en
avoir la volonté. Il n'exifte point dans

ſes États, comme dans une Monarchie
élective, une force factice & arbitraire
placée en oppoſition avec ſon autorité :
la force naturelle & deſpotique de l'évidence eſt la ſeule qui ſubſiſte, & qui ne
pouvant jamais contraſter avec les intérêts du Souverain, ne peut jamais en
contrarier les volontés. Il peut donc les
faire exécuter toutes ; il ne pourroit rencontrer des obſtacles que pour celles
qu'il ne lui ſeroit pas poſſible de former,
dès que la nation & lui ſe trouveroient
éclairés. Les plus grands intérêts du Souverain étant attachés évidemment à l'obſervation de l'ordre, il ne peut s'élever
contre l'ordre ſans trahir ſes intérêts évidents ; & comme on ne peut jamais lui
ſuppoſer de telles intentions, qui ſeroient
contre nature, on peut dire qu'il peut
tout, excepté ce qu'il lui eſt impoſſible
de vouloir ; au-lieu que le Souverain électif eſt dans le cas de vouloir tout, mais
ſans avoir en lui l'autorité néceſſaire pour
faire exécuter.

La Souveraineté héréditaire rend le
Souverain co-propriétaire *du produit net*
de toutes les terres de ſa domination : en

X iv

cette qualité, son intérêt est le même que celui de tous les propriétaires qui possédant ces terres comme par indivis, les exploitent ou les font exploiter, & prennent dans *ce produit net* une portion qui est inséparable de leur droit de co-propriété. Il lui importe donc comme à eux, que ce même *produit net*, par l'abondance & le bon prix des productions, monte à son plus haut degré possible.

D'un autre côté, le droit de co-propriétaire dans le Souverain n'étant autre chose que le droit de la souveraineté même, & ne pouvant être exercé séparément de cette dignité, le Prince ne peut conserver la jouissance de ce droit, qu'autant que des forces étrangeres ne viennent point ou ravir ou partager sa souveraineté. Il est donc encore de la plus grande importance pour lui de ne rien faire qui puisse altérer la richesse de la nation, parce que c'est cette richesse qui est le principe & la mesure de la puissance qui fait la sûreté de la souveraineté.

On voit ici la différence essentielle qui se trouve entre un Souverain par

droit de fucceffion & un corps d'adminiftrateurs. Chacun des membres de ce
corps eft un propriétaire particulier, qui
par différentes pratiques illégitimes, peut
fe procurer de grandes richeffes aux dépens de fes concitoyens; il n'a rien de
commun avec leurs fortunes; elles lui
font abfolument étrangeres; & voilà
pourquoi il peut s'enrichir en les appau-
vriffant; au-lieu que le Souverain dont
je parle ne peut appauvrir fes fujets qu'il
ne s'appauvriffe, ni augmenter fes revenus qu'en augmentant ceux de fes co-
partageants.

CHAQUE membre d'un corps d'adminiftrateurs doit mettre une grande différence entre les appointements d'une
place que divers événements peuvent lui
enlever, & le produit des biens fonds
dont il a la propriété : comme il jouït de
ceux-ci indépendamment de fes fonctions publiques, & que cette propriété
eft attachée à fa perfonne, il lui importe
beaucoup de faire fervir fon adminiftration à l'accroiffement de cette même propriété; ainfi il n'eft pas dans le cas de
tenir tout de fa place, au-lieu qu'un
Souverain héréditaire tient tout de fa

souveraineté, perdroit tout en la per-
dant, par-conséquent ne voit aucun
avantage qui puisse être mis en balance
avec ceux qu'elle lui procure, & qu'il
ne peut conserver qu'en la conservant.

Un tel Souverain est, par rapport à
ses États, un propriétaire qui conduit lui-
même & pour son propre compte, l'administration de ses domaines ; il n'a d'autre intérêt que d'en augmenter le produit : tout autre administrateur n'est
qu'un économe qui gere pour des intérêts auxquels il est tellement étranger,
que c'est par eux qu'il est payé, & qu'il
ne peut rien gagner qui ne soit pris sur
eux.

Ceci vous présente un point fixe qu'il
est important de bien saisir : le Souverain, comme co-propriétaire, a son intérêt personnel qui n'est point le résultat
d'un partage dans les intérêts des autres
co-propriétaires ; desorte qu'on peut
dire que c'est la terre qui paye la portion
du Souverain, sans toucher à celle qui
appartient au propriétaire qui la fait cultiver. Aussi quand on achete une terre,
ne l'estime-t-on qu'à raison de son *produit net*, déduction faite de la portion

que le Souverain doit prendre dans ce produit. Mais les autres adminiſtrateurs ne ſont payés qu'autant qu'ils partagent dans les *produits nets* qui appartiennent à leurs concitoyens : au moyen de quoi cette forme d'adminiſtration tend naturellement aux abus de l'autorité, parce que tout homme ſalarié a naturellement intérêt de faire augmenter ſes ſalaires ; ce qu'il ne peut faire qu'aux dépens de ceux qui le payent, tandis que les revenus du Souverain ne peuvent s'accroître qu'en raiſon de l'accroiſſement de ceux de ſes ſujets.

Un Souverain dont les intérêts ſont ainſi inſéparablement unis à ceux de la nation dont il eſt le chef, doit certainement chercher à lui procurer tous les avantages qu'elle attend d'une telle adminiſtration. *Le meilleur état poſſible* du Souverain ne peut s'établir que ſur *le meilleur état poſſible* de la nation. A ce trait, on peut voir que cette forme de gouvernement porte le caractere ſacré de l'ordre naturel & eſſentiel des ſociétés ; car le propre de cet ordre eſt de tenir tous les membres d'une ſociété dans une telle dépendance réciproque, qu'aucun d'eux ne puiſſe agir pour ſes propres intérêts, qu'il n'agiſſe en même-temps pour l'intérêt commun des autres. Reſte donc à prouver maintenant que par-tout où regne une connoiſſance évidente de ce même ordre naturel & eſſentiel, un tel gouvernement ne peut être ſuſcepti- ble d'aucun inconvénient.

CHAPITRE XX.

Troisieme suite du Chapitre XVII. Premiers arguments pour prouver que dans une nation parvenue à la connoissance évidente de l'ordre naturel & essentiel de la société, le gouvernement d'un seul n'est susceptible d'aucun inconvénient. Définition de l'autorité tutélaire. Sans cette connoissance évidente de l'ordre naturel & essentiel, impossible d'établir un bon gouvernement.

LES hommes que l'habitude & l'éducation ont acoutumés à tout autre gouvernement que celui d'un seul, ou qui croient avoir à se plaindre des inconvénients qui souvent se trouvent réunis dans ce dernier, ne peuvent cependant s'empêcher de convenir que s'il étoit possible qu'un Souverain fût toujours éclairé, toujours sage, toujours juste, son gouvernement seroit préférable à celui d'un corps quelconque d'administrateurs ; mais en même-temps ils nient cette possibilité ; & d'après des exemples sans nombre, ils soutiennent que l'autorité placée dans la main d'un chef unique, doit tôt ou tard devenir funeste à la société.

Si ceux qui raisonnent ainsi, avoient examiné pourquoi il a résulté tant d'abus de cette forme de gouvernement, ils en auroient reconnu les véritables causes, & ils auroient vu qu'ils ne sont point propres & personnels au gouvernement d'un seul ; mais qu'ils sont tous communs à tous les gouvernements privés d'une connoissance évidente de l'ordre naturel & essentiel des sociétés.

L'Ordre est un ensemble parfait dont rien ne peut être détaché, & auquel on ne peut rien ajouter : tout ce qui s'y trouve ou de plus ou de moins est un désordre d'où *nécessairement* d'autres désordres doivent résulter. Ainsi telle institution sociale qui dans cet ensemble, produiroit tous les biens qu'on peut defirer , devient néceffairement abufive & pernicieufe ou du-moins inutile, dès qu'elle fe trouve féparée des autres inftitutions qui doivent concourir avec elle dans l'ordre naturel & effentiel des fociétés. L'autorité prife ici pour la force phyfique, étant aveugle, & ne pouvant fe conduire elle-même, elle fait le mal comme le bien, felon la direction qui lui eft donnée : ce n'eft point à elle, mais bien à cette direction qu'il faut attribuer les mauvais effets qu'elle produit ; il eft fenfible enfin que l'autorité éclairée par la connoiffance évidente de l'ordre, & l'autorité égarée dans les ténebres de l'ignorance ne doivent fe reffembler ni dans leurs procédés, ni par conféquent dans leurs effets.

CE dernier cas eft celui du tableau révoltant que l'hiftoire de l'humanité met fous nos yeux : nous y voyons l'autorité ne point naître de la force intuitive & déterminante de l'évidence ; ne rien tenir de l'évidence, ne jamais confulter l'évidence : arbitraire dans les principes de fon inftitution, il falloit bien qu'elle le devînt dans fes volontés, & dans fa façon d'agir : elle reffembloit alors à ces météores qui parcourent & embrasent les airs, sans que leurs mouvements soient assujettis à aucune regle connue : aussi comme eux, la voyoit-on souvent se dissiper d'elle-même & disparoître dans un instant.

CONSULTEZ l'antiquité & parcourez les différentes formes de gouvernement, vous trouverez par-tout des effets monstrueux de l'autorité, qui se sont plus ou moins multipliés selon que ses États étoient plus ou moins étendus. J'avoue cependant que placée dans les mains d'un seul, elle a commis plus d'horreurs ; mais aussi son théâtre étoit plus vaste, & par cette raison, elle avoit plus d'occasions & plus de facilités. Je dis que son théâtre étoit plus vaste, parce qu'à l'exception de Rome & de Carthage, les États gouvernés par un corps d'administrateurs ont été très-bornés ; à quoi j'ajoute que ce n'est pas dans l'histoire de ces deux Républiques qu'on puisera des arguments pour prouver que le partage de l'autorité ne produit aucun désordre.

QUOI QU'IL en soit, j'admets que dans l'état d'ignorance l'autorité est plus dangereuse dans les mains d'un seul, qu'elle ne ne l'eſt dans les mains de pluſieurs. Ce qui me décide à le croire, c'eſt que dans cette ſeconde eſpece de gouvernement, la mauvaiſe volonté peut trouver des op-poſitions pour faire le mal, comme la bonne volonté peut en trouver pour faire le bien : les intérêts particuliers s'entre-ſervent ſouvent de contre-poids, & cela même doit leur arriver juſqu'à ce qu'ils ſe ſoient conciliés au préjudice de l'inté-rêt commun.

C'EST moins les faits qu'il faut con-ſulter que les cauſes qui les ont produits : ce n'eſt que ſur cette baſe qu'on peut établir un raiſonnement ſolide, parce que les mêmes cauſes produiront tou-jours les mêmes effets : or en examinant la cauſe premiere des faits, nous trouve-rons que ce n'eſt point parce que l'au-torité ſe trouvoit dans les mains d'un ſeul, qu'elle eſt devenue un fléau terri-ble ; que c'eſt au-contraire parce que les hommes n'avoient point alors une con-noiſſance évidente de l'ordre naturel & eſſentiel des ſociétés ; vérité que per-ſonne ne peut révoquer en doute, puiſ-que cet ordre ne ſe trouve dans aucune légiſlation des anciens, ni même dans aucun de leurs Philofophes.

DANS quelques mains que l'autorité foit placée, il faut néceffairement qu'elle foit orageufe, & qu'elle devienne deftructive, dès qu'une fociété n'eft point organifée fuivant les loix de l'ordre naturel & effentiel. Mais cet ordre ne peut s'établir s'il n'eft évidemment connu : ainfi une connoiffance évidente de l'ordre eft la premiere condition requife pour qu'il ne puiffe réfulter aucun abus de l'autorité.

SUIVANT cet ordre effentiel, l'autorité tutélaire eft *l'adminiftration d'une force fociale & phyfique inftituée dans la fociété & par la fociété, pour affurer parmi les hommes la propriété & la liberté, conformément aux loix naturelles & effentielles des fociétés.*

CETTE force eft force fociale, parce que loin d'exifter par elle-même, c'eft dans la fociété qu'elle prend naiffance; elle y eft formée par la réunion des intérêts & des volontés.

ELLE eft force phyfique, parce que cette réunion de volontés opere en faveur de cette autorité, la réunion de toutes les forces phyfiques de la fociété.

ELLE est instituée dans la société &
par la société, parce que cette réunion
de volontés & de forces ne peut avoir
lieu qu'après que les hommes se sont réunis dans un corps social.

ELLE est établie pour assurer parmi
les hommes la propriété & la liberté,
parce que ce n'est que dans la vue d'établir solidement l'une & l'autre, que chaque société s'est formée, & que sans l'une
& l'autre aucune société ne pourroit
subsister.

ENFIN elle doit les maintenir telles
que l'exigent les loix naturelles & essentielles des sociétés, parce que ces loix
naturelles & essentielles qui tiennent à
l'ordre physique, & qu'aucune puissance
humaine ne peut changer, doivent être
la raison primitive de toutes les loix positives que cette autorité peut instituer.

AINSI l'autorité, telle que je la représente ici, est le gage de la sûreté publique ; c'est par elle seule que les droits
naturels & essentiels de chaque citoyen
acquierent la solidité qu'ils doivent
avoir : comment donc pourroit-elle devenir funeste à la société dont elle ci-
mente & perpétue l'union ? Ce malheur

ne peut arriver que de deux manieres ; il ne peut naître que de l'ignorance ou de la mauvaise volonté : mais par-tout où nous supposerons une connoissance *évidente* & publique de l'ordre naturel & essentiel , l'ignorance & la mauvaise volonté ne peuvent jamais égarer le dépositaire de l'autorité.

Ce n'est pas cependant que la personne même de ce dépositaire ne puisse manquer des lumieres suffisantes pour son administration : ce léger inconvénient doit même se trouver souvent dans une Monarchie héréditaire : les Souverains peuvent être appellés au gouvernement avant que l'âge leur permette d'avoir les facultés requises pour bien gouverner ; & ce cas est particuliérement celui des minorités. Mais dans une nation qui d'après une connoissance *évidente & publique* de l'ordre naturel & essentiel de la société , a donné à son gouvernement la forme *essentielle* qu'il doit avoir , les loix qui ont pour elles la force despotique de l'évidence , veillent pour le Souverain mineur & pour la nation , de maniere que cette force dominante & irrésistible fait la sûreté de leurs intérêts communs.

MAIS , me dira-t-on , le corps des Magiftrats , dont les lumieres & les devoirs effentiels font fi néceffaires au maintien des loix dans toute leur pureté , ne peut-il pas lui-même fe laiffer corrompre & céder à des intérêts particuliers ? Non ; cela eft impoffible dans l'hypothèfe où nous fommes : dès qu'on fuppofe une connoiffance *évidente* de l'ordre répandue dans toute une fociété , il faut regarder les Magiftrats comme comptables de leur conduite à cette *évidence publique*, & comme n'ayant rien tant à craindre que la juftice de fes jugements rigoureux.

JE conviens cependant que cette *évidence publique* ne peut être la même dans tous les membres de cette fociété ; mais auffi ne faut-il pas la concentrer dans les Magiftrats feulement : dans notre fuppofition au-contraire , nous devons les regarder comme placés au milieu d'un cercle très-étendu , très-nombreux , qui participe à leurs connoiffances , & qui pouvant juger fainement de leurs opérations , eft en état d'éclairer l'autre partie de la nation. C'eft de ce cercle de gens lumineux que partent les

éloges du public & fa cenfure, qui , à
l'aide des mobiles que la nature à placés
en nous , & de la force propre aux affections fociales , font naître une émulation & une crainte falutaires qui fervent
de contre-poids aux motifs par lefquels
nous pourrions être détournés des voies
de l'honneur & de la vertu.

Nous voyons fouvent que l'homme
le plus injufte veut néanmoins paroître
jufte ; au moment même qu'un intérêt
criminel triomphe en lui de l'évidence
de fes devoirs , il fent que la feule publicité de fes crimes fuffit pour l'en pu-
nir ; & il ne peut étouffer dans fon ame
le fentiment qui rend cette punition redoutable pour lui. Hélas ! combien
d'hommes feroient devenus coupables ,
s'ils n'avoient été contenus par la honte
de le paroître ! Il eft certain qu'un homme n'ofera jamais fe permettre la plus légere infidélité , tant qu'il fera perfuadé
qu'elle feroit *en évidence* aux yeux de
tous ceux qu'elle intéreſſeroit. Telle eft
la fituation des Magiftrats & de tous
ceux qui font chargés de quelque adminiftration dans une nation parvenue à
une connoiſſance *évidente & publique* de

l'ordre : cette évidence qu'on ne peut choquer impunément, en l'éclairant fait sa sûreté dans tous les temps.

ON remarquera, sans doute, dans cet ouvrage que l'évidence est la base sur laquelle porte tout l'édifice de la société. Mais c'est à juste titre que je ramene tout à l'évidence, car sans l'évidence il est impossible d'imaginer rien de parfait, rien de solide.

J'AI déja dit qu'il n'y a pour nous que vérité ou erreur, qu'évidence ou opinion. Il est donc manifeste que les principes d'un gouvernement doivent *nécessairement* devenir arbitraires, dès qu'ils ne sont pas *évidents* ; c'est-à-dire, dès qu'ils ne sont pas le fruit d'une connoissance explicite & *évidente* de l'ordre naturel & essentiel des sociétés ; car encore une fois, l'ordre ne peut s'établir, qu'autant qu'il est suffisamment connu ; & il n'est suffisamment connu, qu'autant qu'il l'est *évidemment*, puisque tout ce qui n'est pas *évident* reste *arbitraire*.

SI DONC vous ôtez aux hommes cette connoissance *évidente*, je vous donne le choix parmi les différentes formes de gouvernement : quelle que soit celle que

vous préféreriez, vous y trouverez tous
les vices inséparables de *l'arbitraire* ; &
quelques mesures qu'on prenne pour empêcher les abus de l'autorité , il faudra
toujours & *nécessairement* ou qu'elle de
devienne oppressive , ou qu'elle soit
dans un état de foiblesse qui rende nul ce
lien politique ; auquel cas la société ne
fera plus une société.

CHAPITRE

CHAPITRE XXI.

Quatrieme suite du Chapitre XVII. Réfutation du systême chimérique des contre - forces établies pour balancer l'autorité tutélaire dans le gouvernement d'un seul. Par-tout où regne l'évidence de l'ordre, les établissements de ces contre - forces sont impossibles ; dans l'état d'ignorance ils le sont encore, mais par d'autres raisons.

L'ARBITRAIRE, en cela qu'il est une production monstrueuse de l'ignorance, ne sait remédier à un désordre que par un autre désordre. Dans cet état, les hommes deviennent *nécessairement* le jouet de l'inconstance orageuse de l'opinion. Ces vérités si simples, si évidentes par elles-mêmes ont cependant échappé à de grands génies ; & de leur inattention à ce sujet est provenu le système des contre-forces qu'ils ont prétendu devoir être opposées à l'autorité , pour en arrêter les abus.

Ou les principes d'un gouvernement sont *évidents*, ou ils ne le sont pas : s'ils le sont, toutes les forces & toute l'autorité sont acquises à leur *évidence* ; ainsi les contre-forces ne peuvent avoir lieu ; il n'y a pour lors qu'une seule force, parce qu'il n'y a qu'une seule volonté. Si au-contraire ces principes ne sont pas *évidents*, l'établissement des contre-forces est une opération impraticable ; car quelle contre-force peut-on opposer à celle de l'ignorance, si ce n'est celle de l'évidence ? Comment dissiper les ténebres de l'erreur, si ce n'est par la lumiere de la vérité ? Qu'est-ce que c'est que le projet de choisir un aveugle pour servir de guide à un autre aveugle ? On craint l'ignorance dans le Souverain , & pour empêcher qu'elle ne l'égare, on lui oppose d'autres hommes qui ne sont pas en état de se conduire eux-mêmes ; voilà ce qu'on appelle des contre-forces : il faut convenir qu'elles sont bien mal imagi-

nées ; qu'il eft inconcevable qu'on ait
pu fe perfuader que l'ignorance pût fervir utilement de contre-force à l'ignorance.

EN adoptant même cette chimere, ne
voit-on pas qu'il eft impoffible de s'affurer que chaque force fera demain ce
qu'elle paroît être aujourd'hui ? Je dis
ce qu'elle *paroît être*, car on ne peut jamais avoir aucune certitude de fon véritable état actuel, vu qu'il dépend de
diverfes difpofitions morales qui peuvent bien être préfumées, mais non pas
connues avec *évidence*. Ainfi à confidérer ces contre-forces dans le premier
moment de leur inftitution, dans l'action
même de les former, on voit qu'elles
ne font qu'un jeu ridicule de l'opinion.

CEUX qui ont imaginé le fyftême des
contre-forces, ont penfé que le pouvoir
du Souverain pouvoit être modifié par
un autre pouvoir oppofé, tel que celui
d'une puiffance établie pour en être le
contre-poids & le balancer. Si dans l'e-
xécution de cette idée bifarre on pouvoit parvenir à inftituer deux puiffances
parfaitement égales, féparément elles
feroient toutes deux nulles, ainfi que je

Z ij

l'ai déja démontré ; si au-contraire elles étoient inégales, il n'y auroit plus de contre-forces. Voilà une premiere contradiction bien évidente.

On s'est persuadé sans doute qu'il en est des contre - forces morales comme des contre-forces physiques , qui par la contrariété de leur direction , déterminent nécessairement certains corps à rester dans une situation mitoyenne. Mais on n'a pas vu que dans le physique la direction *donnée* ne dépend point de l'opinion des choses qui font contre-force, & que dans le moral au-contraire ceux qui font contre-force ; peuvent eux-mêmes changer leur direction au gré de leur opinion. Ainsi au moyen de ce qu'on ne peut être certain que cette direction soit toujours la même en eux , il devient impossible de pouvoir compter sur leurs contre-forces ; & ce systême qui suppose uniforme & constant ce qui est *évidemment* connu pour ne pouvoir l'être, tombe en cela dans une seconde contradiction évidente.

Si l'Auteur qui a le plus soutenu ce projet chimérique , pouvoit me répondre , je lui demanderois comment il a compté calculer les contre-forces pour trouver leur point d'équilibre. Dans l'ordre social toute force est le produit d'une réunion d'opinions & de volontés, & le principe de cette réunion est ou *évident* ou *arbitraire*. Dans le système en question , on ne peut supposer que ce principe soit *évident* , parce qu'alors , comme je viens de le dire , il n'y auroit qu'une seule volonté , & une seule force sociale. Mais puisqu'il ne peut être qu'*arbitraire* , on ne peut plus calculer ni le principe ni son produit : dès que les opinions sont séparées de l'évidence , il est certain que nous ne pouvons ni connoître leur force , ni nous assurer de leur durée.

ÉTABLISSONS pour un moment une contre-force, & supposons qu'un Souverain ne puisse rien ordonner que du consentement de son Conseil; composons même ce Conseil de telle sorte qu'il forme la plus grande contre-force possible : alors ce n'est plus le gouvernement d'un seul , c'est le gouvernement de plusieurs , d'un corps composé d'un chef & de son Conseil , dont chaque membre participe ainsi à la Souveraineté.

Z iij

Ce corps cependant se trouve institué de maniere qu'il forme réellement deux puissances dont les forces sont destinées à se trouver en opposition ; car le Souverain supposé ne peut rien sans son Conseil , & le Conseil entier ne peut rien sans le Souverain. Examinons maintenant la valeur de cette disposition , & si ces deux puissances sont réciproquement contre-force.

Je conviens que le Souverain fait contre-force vis-à-vis la puissance de son Conseil ; & l'effet de cette contre-force est de mettre le Souverain dans le cas de pouvoir s'opposer au bien comme au mal. Il n'y a donc point un avantage certain à établir que le Conseil ne peut rien sans le Souverain. Je trouve ce même inconvénient dans la prétendue contre-force du Conseil ; l'ignorance peut la rendre très-préjudiciable ; elle peut perdre la nation au-lieu de la servir. Mais à ce premier inconvénient il s'en joint un second ; c'est que cette espece de contre-force n'est rien moins que ce qu'elle paroît : impossible d'empêcher ceux qui concourent à la former , d'être dominés par leurs intérêts particu-

liers : dès-lors plus de contre force ; sa
direction ne peut plus être fixée ; celle-
ci doit *néceffairement* changer au gré de
fes intérêts. Ajoutez que ces fortes de
variations font même d'autant plus naturelles, que tout devient arbitraire dès
que les hommes ne font point éclairés
par l'évidence de l'ordre ; or quand
tout eft arbitraire, on ne peut accufer
perfonne d'avoir évidemment trahi fon
miniftere. Ainfi dans le cas fuppofé, la
contre-force du Confeil eft abfolument
nulle, à moins qu'on ne commence par
en oppofer une aux intérêts particuliers;
mais celle-ci ne peut fe trouver que dans
la force irréfiftible de l'évidence.

Sous quelque face que nous confidé-
rions ce fyftême fpécieux, nous y trouvons donc les mêmes contradictions : il
confifte au fonds à oppofer une opinion
à une autre opinion : des volontés arbitraires à d'autres volontés arbitraires ;
des forces inconnues à dautres forces inconnues : dans cet état, il eft impoffible
que des intétêts particuliers ne foient
pas la mefure de la réfiftance que ces
forces peuvent éprouver tour à tour,
ainfi que les motifs fecrets de leur conci-

liation : il eſt impoſſible qu'entre ces
mêmes forces il ne ſe perpétue pas une
guerre ſourde & inſidieuſe, pendant laquelle les brigues, les ſéductions, les
trahiſons de toute eſpece deviennent
des pratiques habituelles & néceſſaires ;
guerre cruelle & deſtructive qui ſe fait
toujours aux dépens des intérêts de la
nation, *néceſſairement* victime de la cupidité des combattants.

Dans un gouvernement dont les
principes ſont *arbitraires*, il eſt inutile
de ſe mettre l'eſprit à la torture pour
trouver des contre-forces ; car ce qui
rend vicieux ce gouvernement, c'eſt
préciſément la multitude des contre-forces qui s'y forment *naturellement*, parce qu'il s'établit *naturellement* un grand
nombre d'opinions différentes, & d'intérêts particuliers oppoſés les uns aux
autres : auſſi cette diviſion tend-elle à
l'anarchie & à la diſſolution de la ſociété.
Pour faire ceſſer ce déſordre, toutes forces *factices* ſont impuiſſantes ; parce que
toute opinion n'eſt forte qu'en raiſon de
la foibleſſe de celles qui lui ſont contraires. On ne peut donc employer alors
que la force naturelle de *l'évidence*, com-

me feule & unique contre-force de l'arbitraire.

LA FORCE de *l'évidence* eft dans l'évidence même ; auffi eft-il certain que fitôt que l'évidence eft connue, fa force devient irréfiftible : elle ne peut donc rencontrer des contre-forces que dans l'ignorance ; mais il fuffit d'éclairer celle-ci pour la défarmer. Il n'en eft pas ainfi de la force d'une fimple *opinion :* non-feulement elle a tout à craindre de *l'évidence* contre laquelle elle ne peut rien ; mais elle a pour ennemis encore autant d'autres forces particulieres qu'il peut s'établir d'opinions diverfes. Toutes ces forces qui font également des productions de l'ignorance, qui ne tiennent rien d'elles-mêmes, & doivent à l'ignorance tout ce qu'elles font, combattent entre elles à armes égales ; ce font des aveugles qui s'attaquant réciproquement, ne peuvent connoître que les maux qu'ils éprouvent, & jamais ceux qu'ils font. De remedes à cette confufion, il n'en eft point ; il faut abfolument fe décider entre n'admettre qu'une autorité unique, établie fur *l'évidence*, ou une multitude d'autorités arbitraires dans leurs inſtitutions comme dans leurs procédés , & qui ne peuvent ceſſer de s'entre-choquer.

Il est donc certain que ce n'eſt que dans une nation parvenue à une connoiſſance *évidente & publique* de l'ordre naturel & eſſentiel des ſociétés , qu'on n'a rien à craindre de l'autorité tutélaire : cette connoiſſance *évidente & publique* ne peut exiſter ſans procurer à la ſociété , la forme eſſentielle qu'elle doit avoir ; or cette forme eſſentielle une fois établie , elle doit trouver en elle-même tous les moyens néceſſaires pour ſe conſerver ; car le propre de l'ordre eſt de renfermer en lui-même tout ce qu'il lui faut pour ſe perpétuer.

Ainsi dans une telle ſociété toutes les loix poſitives ne pourront être que des réſultats évidents des loix naturelles & eſſentielles.

Ainsi ces mêmes loix poſitives feront toutes favorables au droit de propriété & à la liberté.

Ainsi le corps des Magiſtrats gardiens & dépoſitaires de ces loix , ne ſera compoſé que de citoyens ayant les qualités requises pour la sainteté de leur ministere.

AINSI ces Magistrats, comptables de leurs fonctions au Souverain & à *l'évidence publique*, qui en éclairant la nation veillera sans cesse sur eux, seront contraints de ne jamais parler un autre langage que celui de la justice & de *l'évidence*.

AINSI les lumieres, le zele & la fidélité de ces mêmes Magistrats ne cesseront d'être pour le Souverain une ressource assurée contre les surprises qui pourroient être faites à son autorité, au mépris de ses intérêts *évidents* & de ceux de ses sujets.

AINSI l'évidence de la sagesse & de la justice des loix positives sera le garant de leur immutabilité & de leur observation la plus exacte, jusques dans les temps où la personne même du Souverain ne seroit pas en état de les protéger.

AINSI la force despotique de cette *évidence* sera le titre primitif de leur autorité sacrée, sous la protection de laquelle toutes les personnes & tous les droits seront également & toujours en sûreté.

Ainsi les peuples verront leur meilleur état poffible dans leur foumiffion conftante à ces loix ; ils béniront, ils adoreront le Souverain en lui obéiffant; & leurs richeffes ne croiffant que pour être partagées avec le Monarque qui leur en procure la jouïffance paifible , fon intérêt perfonnel & fon autorité bienfaifante doivent affurer à jamais la confervation de cet ordre divin , qui eft le principe *évident* de leur profpérité commune.

Cette légere efquiffe me difpenfe de parler des effets de la mauvaife volonté : premiérement , ils feroient *inconciliables* avec la force irréfiftible dont jouïra toujours *l'évidence* de l'ordre naturel & effentiel ; en fecond lieu , il eft contre nature de fuppofer dans un Souverain , une mauvaife volonté *évidente* , un deffein manifefte de trahir *évidemment* fes propres intérêts dans ceux de fes fujets , & de travailler ainfi lui-même à l'anéantiffement de fa puiffance & de fa fouveraineté. Mais quand même cette manie inconcevable & inadmiffible feroit poffible en fpéculation , toujours eft-il vrai qu'elle doit être bien plus rare dans un

Souverain qui ne peut s'y livrer qu'à son préjudice , que dans un corps d'admi-niſtrateurs qui peuvent s'abandonner à leur mauvaiſe volonté ſans trahir leurs intérêts perſonnels , & même en les ſer-vant ; par-conſéquent que le gouverne-ment d'un ſeul eſt encore , à cet égard , préférable à tout autre gouvernement qui n'eſt point également protégé par *l'évidence* & par les intérêts même du dé-poſitaire de l'autorité. S'il reſte quelques nuages ſur cette vérité , j'oſe me flatter que les chapitres ſuivants acheveront de les diſſiper.

CHAPITRE XXII.

Continuation du même sujet. Du Despotisme. Pourquoi il nous est odieux ; l'ignorance est la cause primitive des désordres qu'il a produits. L'homme est destiné par la nature même à vivre sous une autorité despotique. Il est deux sortes de Despotismes ; l'un est personnel & légal ; l'autre est personnel & arbitraire : le premier est le seul conforme à l'ordre essentiel des sociétés ; le second est aussi funeste au Despote même qu'aux peuples qu'il opprime.

LE GRAND argument de ceux qui sont ennemis de toute Monarchie, est que cette forme de gouvernement conduit au despotisme. Ce nom nous peint toujours une chose odieuse, contraire à l'or-

dre, aux droits naturels de l'humanité.
Cette averfion nous eft naturellement
fuggérée par la feule contemplation des
défordres qu'il a produits : frappés de
l'horreur qui nous faifit à la vue de ce
tableau, nous fommes révoltés fur-le-
champ contre le defpotifme; nous le regardons comme un fléau terrible & habituel ; nous le condamnons ainfi fans
chercher à approfondir d'où provien-
nent les maux qu'il a faits ; s'ils lui font
propres, ou s'ils lui font étrangers ; &
nous ne fervons plus des termes de *defpote* & de *defpotifme*, que pour exprimer
une forte d'autorité monftrueufe, que
l'ordre & la raifon ne peuvent reconnoître, & dont il faut abfolument pur-
ger la fociété.

C'EST AINSI que les faits, détachés
de leurs caufes premieres, font pour
nous une fource d'erreurs. On a raifon
de s'élever contre le defpotifme confidéré tel qu'il a prefque toujours été
chez quelque nation; mais le defpotifme
factice & déréglé, dont nous fommes
effrayés à jufte titre, & le defpotifme
naturel, tel qu'il eft inftitué par l'ordre
même, ne fe reffemblent point : il eft

également impoſſible que le premier ne
ſoit pas orageux , deſtructif, accablant,
& que le ſecond ne produiſe pas tous les
biens que la ſociété peut deſirer.

QUI EST-CE qui ne voit pas , qui eſt-
ce qui ne ſent pas que l'homme eſt formé pour être gouverné par une autorité
deſpotique ? Qui eſt-ce qui n'a pas éprou-
vé que ſitôt que l'évidence s'eſt rendue
ſenſible , ſa force intuitive & déterminante nous interdit toute délibération ?
Elle eſt donc une autorité deſpotique,
cette force irréſiſtible de l'évidence,
cette force *qui pour commander deſpoti-*
quement à nos actions , commande deſpo-
tiquement à nos volontés.

LE deſpotiſme naturel de l'évidence
amene le deſpotiſme ſocial : l'ordre eſſentiel de toute ſociété eſt un ordre évident ; & comme l'évidence a toujours la
même autorité , il n'eſt pas poſſible que
l'évidence de cet ordre ſoit manifeſte &
publique , ſans qu'elle gouverne deſpotiquement.

C'EST par cette raiſon que cet ordre
eſſentiel n'admet qu'une ſeule autorité,
& par-conſéquent un ſeul chef : l'évidence ne pouvant jamais être en contradiction

diction avec elle-même, son autorité est *nécessairement* despotique, parce qu'elle est nécessairement *une* ; & le chef qui commande au nom de cette évidence, est *nécessairement* despote, parce qu'il se rend personnelle cette autorité despotique.

S'IL EST incontestable que nous sommes organisés pour connoître l'évidence & nous laisser gouverner par elle ; s'il est incontestable que l'ordre essentiel de toute société est un ordre évident, il résulte de ces deux propositions, qu'il est dans les vues de la nature que le gouvernement social soit un gouvernement despotique, & que l'homme, en cela qu'il est destiné à vivre en société, est destiné à vivre sous le despotisme. Une autre conséquence encore, c'est que cette forme de gouvernement est la seule qui puisse procurer à la société son meilleur état possible ; car ce meilleur état possible est le fruit nécessaire de l'ordre : ce n'est que par une observation scrupuleuse de l'ordre qu'il peut s'obtenir ; ainsi ce n'est qu'autant que l'évidence de l'ordre gouverne despotiquement, que les hommes peuvent parvenir à jouir de tout le bonheur que l'humanité peut comporter.

LE DESPOTISME n'a fait que du mal, nous dit-on : *donc il eſt eſſentiellement mauvais*. Aſſurément cette façon de raiſonner n'eſt pas conſéquente : on pourroit dire auſſi, la ſociété occaſionne de grands maux ; donc elle eſt eſſentiellement mauvaiſe ; & ce ſecond argument vaudroit le premier. Oui ſans doute, le deſpotiſme a fait beaucoup de mal ; il a violé les droits les plus ſacrés de l'humanité ; mais ce deſpotiſme factice & contre nature, n'étoit pas le deſpotiſme naturel de l'évidence de l'ordre ; ce dernier aſſure les droits que le premier détruit.

IL N'EST POINT pour nous de milieu entre être éclairés par l'évidence ou être livrés à l'ignorance & à l'erreur. De-là, deux ſortes de deſpotiſme, l'un légal, établi naturellement & *néceſſairement* ſur l'évidence des loix d'un ordre eſſentiel, & l'autre *arbitraire*, fabriqué par l'opinion, pour prêter à tous les déſordres, à tous les écarts dont l'ignorance la rend ſuſceptible.

LE déſir de jouïr eſt également le

premier principe de ces deux defpotif-
mes ; mais dans celui-là l'action de ce
mobile eft dirigée par l'évidence de l'ordre , & dans celui-ci elle eft déréglée
par l'opinion , qui , égarée par l'ignorance, ne met point de bornes à fes prétentions. De-là s'enfuit que le defpotifme légal , qui n'eft autre chofe que la
force naturelle & irréfiftible de l'évidence , qui par conféquent affure à la fociété l'obfervation fidele & conftante de
fon ordre effentiel , de fon ordre le plus
avantageux , eft pour elle, le meilleur
gouvernement poffible , & l'état le plus
parfait qu'elle puiffe défirer : de-là s'enfuit encore que le defpotifme qui fe forme dans un état d'ignorance , eft arbitraire dans toutes fes parties : il l'eft dans
fon inftitution ; car il prend naiffance
dans des prétentions arbitraires : il l'eft
dans la façon de fe maintenir ; car il ne
fe prolonge que par l'utilité dont il eft
à des prétentions arbitraires : il l'eft
dans fes procédés ; car il ramene tout à
la force qui fert fes prétentions arbitraires.

LE VOILA ce defpotifme terrible ,
ce defpotifme arbitraire que l'ordre ré-

prouve, parce que l'ordre & l'arbitraire
font abfolument incompatibles ; le voilà
tel que l'ignorance l'a enfanté en différents temps pour le malheur commun
des defpotes & des infortunés qu'ils te-
noient dans l'oppreſſion. Les fuites
cruelles qu'il doit avoir pour les peuples
font trop connues, pour que j'entre
dans aucun détail à ce fujet ; mais ce
que je dois faire principalement remarquer, c'eſt que ce defpotifme n'eſt pas
moins redoutable, pas moins funeſte à
l'oppreſſeur, qu'il l'eſt aux opprimés.
Cette vérité fera pour nous une nouvelle preuve que dans l'ordre tout fe
tient ; que le bonheur particulier de
chaque individu eſt lié au bonheur général ; que le meilleur état poſſible des
fujets devient *néceſſairement* le meilleur
état poſſible des Souverains.

_____

CHAPITRE XXIII.

Suite du Chapitre précédent. Le despotisme arbitraire considéré dans ses rapports avec l'autorité ; avec la sûreté personnelle & les intérêts du despote. Combien ce despotisme lui est nécessairement desavantageux. Sous le despotisme arbitraire il n'est point de véritable société, point de nation proprement dite.

_____

Le despotisme arbitraire est un composé de quatre parties qu'il faut considérer séparément. Ces quatre parties sont le despotisme, le despote, la force physique qui fait son autorité, & les peuples qu'il contraint de lui obéir. Le despotisme arbitraire est une production bisarre de l'ignorance, une force physique qui se sert de sa supériorité pour opprimer. Cette force n'exifte point par elle-même & dans un feul individu ; elle eft le réfultat d'une affociation ; & cette affociation fe forme par un concours de prétentions & d'intérêts arbitraires qui s'uniffent à cet effet. Mais par la raifon que ces prétentions & ces intérêts font arbitraires, leur pofition refpective peut changer à tout inftant, & les conduire à fe défunir : alors plus d'affociation ; plus de force fupérieure ; plus de defpotifme : fon exiftence n'eft ainfi *néceffairement* que précaire & conditionnelle.

CEPENDANT la chûte du defpotifme doit entraîner celle du defpote ; car point de defpote fans defpotifme : ainfi tous les rifques que le defpotifme court habituellement, font communs au defpote. Mais outre ces premiers rifques il en eft d'autres encore qui font propres & particuliers à la perfonne de ce dernier : le defpotifme ne tient point au defpote, comme le defpote tient au defpotifme ; & la force qui foutient le defpotifme peut, fans changer la forme du gouvernement, facrifier à fes prétentions arbitraires, la perfonne même du defpote.

QUAND des exemples multiples ne

nous apprendroient pas combien ces pe-
tites révolutions font naturelles & faci-
les, quelques réflexions fuffiroient pour
nous les démontrer. La force qui fert
de bafe à l'autorité du defpote arbitraire, n'eft ni à lui ni en lui; elle n'eft au
contraire qu'une force empruntée ; &
c'eft d'elle qu'il tient tout, tandis qu'elle
ne tient rien de lui. Il eft donc abfolument dans la dépendance de cette force;
car il ne peut jamais en difpofer malgré
elle, au-lieu qu'elle peut toujours difpofer de lui malgré lui.

CETTE obfervation nous montre que
le defpote arbitraire n'eft rien moins que
ce qu'il paroît être ; c'eft une efpece de
corps tranfparent & fragile, au-travers
duquel on apperçoit la force qui l'environne : on peut le comparer à ces figu-
res de bois ou d'ofier, qui femblent faire
mouvoir une machine à laquelle elles
font attachées, tandis que c'eft cette même machine qui leur imprime tous leurs
mouvements. Le defpotifme eft véritablement acquis à la force d'affociation
qui le maintient ; & les intérêts perfonnels arbitraires qui forment cette affociation, font les refforts intérieurs du

defpotifme arbitraire. Le defpote n'eſt ainfi qu'un fimulacre qui fe meut au gré de cette force dont il eſt tellement dépendant, qu'il ne peut fe paſſer d'elle, & qu'elle peut au-contraire fe paſſer de lui.

Dans le dernier état de l'Empire Romain, le defpotifme arbitraire s'étoit emparé du gouvernement. Mais quels avantages les defpotes en ont-ils retirés ? Nous voyons une fucceffion d'Empereurs alternativement immolés au caprice de leur armée révoltée, ou à l'enthoufiafme d'un petit nombre de conjurés à qui la trahifon tenoit lieu de force. Ceux qui, à l'exemple de Sylla, dépouilloient les citoyens pour enrichir les foldats, excitoient dans Rome des confpirations; ils périffoient par la main des citoyens. Ceux qui, loin de fe propicier le foldat par des profufions, cherchoient à mettre un frein à fa cupidité, bleffoient les prétentions arbitraires des gens de guerre; ils périffoient par la main des foldats. L'opinion livrée à toute la fureur des paffions & à tous les égaremens de l'ignorance, difpofoit de la force publique, parce que c'étoit cette même opinion qui

qui la formoit. Cette force tenoit sous le joug de la tyrannie ceux même auxquels elle vendoit le droit chimérique de lui commander : les despotes qu'elle établissoit, obligés de chercher la mort dans la haine du citoyen, pour ne pas la trouver dans le mécontentement de l'armée, étoient ainsi privés *de la propriété* de leur personne : ces prétendus maîtres si grands, si redoutables n'avoient pas même la liberté d'être justes & vertueux ; ils se trouvoient réduits à n'être que les esclaves d'une puissance arbitraire, qui ne leur prêtoit son pouvoir que pour les rendre les instruments serviles de son ambition aveugle. Partout où le despotisme arbitraire s'est établi, & principalement chez les Asiatiques, nous lui avons vu constamment produire les mêmes effets, & devenir également funeste aux despotes qui n'étoient point assez sages pour se conduire sur d'autres principes.

Ainsi l'épée dont le despote s'arme pour frapper, est la même qui se trouve suspendue par un fil au-dessus de sa tête ; & la force qui est le fondement de sa puissance arbitraire, est précisément celle qui le dépouille de son autorité, & qui menace sa personne à chaque instant. Cette position est d'autant plus cruelle, que ce qu'elle a d'affreux n'est balancé par aucun avantage ; car le despotisme arbitraire, considéré dans ses rapports avec les peuples, n'a pas moins d'inconvénients pour le despote.

En effet, à parler rigoureusement, un despote arbitraire commande, mais ne gouverne pas : par la raison que sa volonté arbitraire est au-dessus des loix qu'il institue arbitrairement, on ne peut pas dire qu'il y ait des loix dans ses États : or un gouvernement sans loix est une idée qui implique contradiction ; ce n'est plus un gouvernement. A la faveur d'une force empruntée ce despote commande donc à des hommes que cette force opprime ; mais ces hommes ne sont point des *sujets*, & ne forment point ce qu'on peut appeler une *nation*, c'est-à-dire, *un corps politique dont tous les membres sont liés les uns aux autres par une chaîne de droits & de devoirs réciproques, qui tiennent l'Etat gouvernant & l'Etat gouverné inséparablement unis pour leur intérêt commun.*

J'ai déja dit & redit que les *devoirs* *sont établis sur les droits, comme les droits* *le sont sur les devoirs :* mais sous le despotisme arbitraire il n'en existe réellement d'aucune espece ; le nom même de droits & de devoirs doit y être inconnu : quiconque jouït de la faveur du despote arbitraire, peut au gré de son caprice dépouiller les autres hommes de leurs biens, de leur vie, de leur liberté ; il n'y a donc parmi eux aucune sorte de propriété constante, par-conséquent aucuns droits réciproques & *certains.* Ce désordre s'accroît toujours en raison du nombre de ceux auxquels le despote communique une portion de son autorité : le système de ce prétendu gouvernement étant de rapporter tout à la force, chacun de ceux qui commandent en sous-ordre, est autorisé par ce même système, à se permettre tout ce que lui permet la force dont il a la disposition.

C'est sous ce despotisme arbitraire qu'on peut dire qu'il n'existe qu'un seul & unique devoir absolu, celui d'obéir. Mais quoique j'aye déja démontré dans le Chapitre XIII, que l'idée de ce prétendu devoir unique & absolu renferme

Bb ij

des contradictions évidentes, cet objet
est d'une trop grande importance, pour
me contenter de ce que j'ai dit à son
sujet.

Si l'obligation d'obéir est un devoir
unique & absolu, cette obligation est
donc sans bornes ; elle est la même dans
tous les cas, & quelle que puisse être la
chose commandée. Je demande à présent s'il est quelqu'un qui puisse entendre sans horreur, sans frémir, que tout
homme placé pour obéir à un autre, est
dans une obligation indispensable, dans
une obligation absolue d'exécuter tout
ce que son supérieur lui ordonne. Ne
voit-on pas d'un coup d'œil que tous les
liens du corps politique sont rompus ;
qu'autant il est de commandants, autant
il est d'autorités despotiques indépen-
dantes les unes des autres ? Un furieux
se trouve avoir cent hommes à ses ordres ; dans ce système il faut aller jusqu'à soutenir qu'ils sont indispensable-
ment obligés de s'armer pour tous les
forfaits qu'il leur commande : quel que
soit l'objet sur lequel sa fureur veuille
se déployer, les plus-grands crimes &
les plus évidents deviennent pour eux

un devoir ; & d'après le principe dont il s'agit, ils feroient coupables s'ils étoient arrêtés par l'évidence des atrocités qu'on leur ordonne de commettre.

JE viens de dire que dans ce fyftême abfurde tous les liens du corps politique font rompus ; pour le prouver d'une maniere bien fenfible, il me fuffit de faire obferver qu'il n'eft plus aucun moyen d'affurer à l'autorité l'obéiffance qu'on doit naturellement à fes ordres. Quiconque commande doit être obéi ; quiconque commande eft donc defpote. Mais s'il eft defpote il ne peut être commandé ; & lorfqu'il l'eft, fon obéiffance eft abfolument volontaire ; car s'il lui plaît de donner aux hommes qui lui font foumis, des ordres contraires à ceux qu'il reçoit, ces hommes doivent exécuter fes volontés particulieres, & point du tout celles de fes fupérieurs. Dans cet état d'infubordination, impoffible qu'il exifte aucune autorité réelle autre que celle qu'on exerce immédiatement fur des hommes qui n'ont aucune forte de commandement. Au milieu de cette confufion, impoffible qu'on puiffe entendre la voix d'une autorité premiere ;

impoſſible de former cette chaîne de devoirs évidents qui forcent toutes les volontés de ſe rallier à elle pour ne point
s'en ſéparer , ſi jamais cette ſéparation
leur étoit commandée , au mépris de
ces mêmes devoirs.

LES peuples qui gémiſſent ſous le joug
du deſpotiſme arbitraire , ne forment
donc point une nation , parce qu'ils ne
forment point entr'eux une ſociété ; car
il n'eſt point de ſociété ſans droits réciproques , & il n'eſt point de droits là
où il n'eſt point de propriété. Chaque
homme ne voit dans les autres hommes
que des ennemis , parce que s'ils ne le
ſont pas déja , ils peuvent le devenir
d'un inſtant à l'autre. Dans cette poſition , il n'exiſte que des intérêts particuliers , & nullement un intérêt commun ,
ſi ce n'eſt dans un ſeul & unique point,
qui eſt la deſtruction du deſpotiſme, pour
établir , ſur ſes ruines , une ſociété qui
du-moins ait forme de ſociété.

IL eſt évident que des peuples qui
n'ont entr'eux aucuns droits *certains* ,
aucuns devoirs réciproques , aucun autre intérêt commun qu'un intérêt qui les
rend ennemis du pouvoir ſous le poids

duquel ils font accablés, ne tiennent
à ce pouvoir par aucun lien focial ; car
il n'exifte point de lien focial fans fociété ; & il n'exifte point de fociété entre
un oppreffeur & des opprimés : elle eft
totalement anéantie dès que les procédés
arbitraires d'une force fupérieure détrui-
fent la réciprocité des droits & des devoirs.

JE ne dirai point ici combien cette
fituation violente met en danger la perfonne du defpote arbitraire ; je ne dirai point que cet intérêt commun, toujours prêt à s'armer contre lui, peut opérer des affociations qui lui deviennent
funeftes ; que plus le defpotifme arbitraire veut refferrer les liens de l'efcla-
vage, & plus il augmente l'intérêt & le
defir d'en fortir ; que pour connoître
combien cette dégradation morale peut
devenir fatale à ceux qui en font les au-
teurs, il eft inutile de confulter des temps
éloignés de nous, qu'il fuffit de paffer
les mers, & d'y voir ce que les maîtres
ont à craindre des efclaves qui ont formé la volonté de fortir de l'oppreffion ;
j'obferverai feulement que le danger du
defpote eft d'autant plus grand & d'au-

tant plus habituel, que fa perte n'a pas
befoin d'être préparée de longue main,
& qu'elle peut être confommée fans de
grands mouvements: un vil efclave, un intérêt obfcur, une intrigue fourde & baffe
fuffifent pour porter des coups dont le
defpote arbitraire ne peut jamais être ga-
ranti par toutes les forces dont il eft en-
vironné. Une chofe même terrible à mon
gré, & que je ne peux envifager de
fang-froid, c'eft que le defpotifme arbitraire eft fait pour affurer l'impunité du
crime au fuccès de ces fortes d'entrepri-
fes : la volonté du defpote étant la loi
fuprême, & s'anéantiffant avec lui, la
pourfuite d'un tel attentat dépend uniquement des volontés de celui qui le
remplace : ainfi toutefois que ce dernier
eft coupable lui-même, il n'eft plus de
loi qu'il ait à redouter.

MAIS nous, dont les mœurs ne nous
permettent pas de croire à fes forfaits;
nous dont les Souverains trouvent leur
fûreté perfonnelle dans l'autorité facrée
des loix, & dans l'amour de leurs fujets,
détournons nos regards de deffus ces objets qui nous font horreur, & conten-
tons-nous de parcourir les effets du def-

potifme arbitraire dans les rapports d'intérêts réciproques qui fe trouvent entre
les peuples & le defpote.

LE defpotifme arbitraire , en cela
qu'il eft deftructif du droit de propriété,
devient abfolument exclufif de l'abondance ; il éteint toute activité ; il anéan-
tit toute induftrie ; il tarit la fource de
toute richeffe dans toute l'étendue de fa
domination. Le produit des terres fe
trouve ainfi prefque réduit à rien ; en
comparaifon de ce qu'il pourroit ou de-
vroit être ; & les revenus du defpote diminuent d'autant , ainfi que la population & tout ce qui concourt à confti-
tuer la force politique. Je dis que fes revenus diminuent d'autant , parce que
l'impôt , comme on le verra dans les
Chapitres fuivants, ne peut être fourni
que par les produits des terres * , & il
a une mefure *naturelle* qu'aucune puiffance humaine ne peut outre-paffer , fi ce
n'eft au préjudice de l'impôt même qu'elle voudroit augmenter.

CEPENDANT la diminution des reve-

---

* Nª. Par le produit des terres , il faut entendre auffi celui des eaux.

nus du defpote arbitraire ne le difpenfe
point d'être grévé d'un tribut confidé-
rable ; car on peut appeller de ce nom
les fommes qu'il eft obligé de facrifier
pour acheter la force qui fait le foutien
de fon autorité. Il arrive même, par une
contradiction commune à tout ce qui
eft contraire à l'ordre, que plus il a
befoin de cette force, & moins il eft en
état de la payer : plus le defpote abufe
de fon pouvoir, & plus il énerve fes
propres revenus par les obftacles qu'il
met à la reproduction : alors le mécontentement général croît en raifon de ce
que la reproduction s'affoiblit. Il eft
fenfible que dans cette pofition le defpote arbitraire augmente le befoin qu'il
a d'être protégé par la force, & qu'à
proportion de l'accroiffement de ce befoin, les moyens de fatisfaire aux dépenfes qu'il exige, éprouvent de la diminution. Il fe trouve donc dans le cas
d'avoir plus à payer & moins à recevoir;
je ne crois pas qu'il y ait un défordre
plus évidemment contraire à fes propres
intérêts.

Il est aifé maintenant d'apprécier à
fa jufte valeur le defpotifme arbitraire :

il dévore fa propre fubftance, en détruifant le germe de la richeffe, de la population, de la force politique de l'État ; il tient le defpote dans une dépendance *néceffaire* & difpendieufe pour lui : en même temps qu'il diminue doublement les revenus de ce Prince, il en laiffe la perfonne & l'autorité perpétuellement expofées à tous les orages de l'opinion & des prétentions arbitraires : il brife enfin tous les liens du corps politique ; au moyen de quoi danger pour l'État, à raifon de fa foibleffe ; danger pour l'autorité, parce qu'elle n'a nulle confiftence ; danger pour la perfonne du defpote, parce qu'il n'eft pour elle aucune fûreté ; danger par-tout, en un mot, & pour tout ce qui tient à ce defpotifme défaftreux. Quels font donc fes attraits perfides, pour que tant de Souverains n'ayent pu fe défendre de leur féduction, & en foient devenus les victimes ? Ces attraits ne font que des jeux de l'opinion, des preftiges qui ne peuvent en impofer qu'à l'ignorance : fi ces Princes infortunés euffent eu une connoiffance évidente de l'ordre naturel & effentiel des fociétés, ils auroient trouvé dans son despotisme légal, la véritable indépendance, le véritable despotisme personnel qui faisoit l'objet de leur ambition ; par son moyen, ils seroient parvenus *naturellement* & rapidement au dernier degré possible de richesses, de puissance, de gloire & d'autorité ; leur bonheur alors leur auroit paru d'autant plus vrai, d'autant plus parfait, qu'il eût été le fruit d'un ordre qui se maintient de lui-même ; qui n'exige des Souverains aucuns sacrifices ; il n'a besoin que d'être suffisamment connu pour s'établir ; & il lui suffit d'être établi pour se perpétuer.

CHAPITRE XXIV.

Du despotisme légal. Il devient nécessairement personnel, mais sans aucun inconvénient pour les peuples. Combien il est avantageux aux Souverains. Parallele de ses effets & de ceux du despotisme arbitraire. Grandeur & puissance des Souverains dans le despotisme légal. Il procure & assure le meilleur état possible au Souverain & à la souveraineté, ainsi qu'à la nation.

Ce n'est point assez d'avoir démontré combien le despotisme arbitraire, si cruel pour les peuples, est contraire à tous les intérêts du despote ; il faut maintenant faire voir combien le despotisme légal, si favorable, si nécessaire au bonheur des sujets, est, en tout point, avantageux au Souverain & à la souveraineté.

QUAND le defpotifme eft légal, des loix immuables, dont la juftice & la néceffité font toujours *en évidence*, rendent la majefté du Souverain & fon autorité defpotique toujours préfentes jufques dans les parties de fon empire les plus éloignées de fa perfonne ; comme fes volontés ne font que l'expreffion de l'ordre, il fuffit qu'elles foient connues pour qu'elles foient fidélement obfervées ; & au moyen de l'*évidence* qui manifefte leur fageffe, il gouverne fes États, comme Dieu, dont il eft l'image, gouverne l'univers, où nous voyons toutes les caufes fecondes affujetties *invariablement* à des loix dont elles ne peuvent s'écarter ; ce Monarque ne s'occupe plus que du bien qui ne peut s'opérer fans fon miniftere ; la paix qui regne fans ceffe dans fon intérieur, répand au dehors fes douceurs ineftimables ; plus elles fe multiplient pour les autres, & plus elles fe multiplient pour lui-même ; la garde qui l'environne, n'eft qu'une décoration extérieure, & nullement une précaution néceffaire ; fa perfonne eft par-tout en fûreté au milieu d'un peuple auffi riche, auffi nombreux, auffi heureux qu'il peut l'être ; il féconde , pour ainſi dire , par ſes regards , les terres les plus ingrates ; il ſe rend perſonnel le bonheur d'une multitude de ſujets qui l'adorent , dans la perſuaſion qu'ils lui en ſont redevables ; & l'abondance qui naît de toutes parts , ne ſe partage entre eux & lui que pour le rendre une ſource intariſſable de bienfaits.

UN tel Souverain doit avoir pour amis & pour admirateurs toutes les nations étrangeres : pénétrées de vénération & de reſpect pour une puiſſance qui peut les étonner , mais jamais les allarmer , il me ſemble les voir venir mêler aux pieds de ſon trône , leurs hommages à ceux que l'amour filial de ſes ſujets s'empreſſe de lui rendre chaque jour ; dans tout ce qui s'offre à ſes yeux il découvre un nouveau ſujet de gloire , un nouvel objet de jouïſſance ; il eſt ſur la terre moins un homme qu'une divinité bienfaiſante dont le temple eſt dans tous les cœurs , & qui paroît ne s'être revêtue d'une forme humaine , que pour ajouter aux biens que ſa ſageſſe procure , ceux qu'on éprouve en jouïſſant de ſa préſence.

On a cherché à distinguer l'autorité des loix & l'autorité personnelle du Souverain ; mais cette idée est encore une de ces productions ridicules qu'on ne peut attribuer qu'à l'ignorance. Si ces deux autorités ne sont point une seule & même autorité, je demande de qui les loix tiennent celle dont elles jouïssent, & laquelle des deux est supérieure à l'autre. Si celle du Souverain est la supérieure & la dominante, l'autorité des loix n'est plus rien ; si au contraire la supériorité est acquise à celle-ci, qu'on me dise donc de qui les loix l'ont reçue ; certainement les loix ne peuvent tenir leur autorité que de la puissance législatrice : si donc cette puissance ne jouït pas de l'autorité dans toute sa plénitude, il est évident qu'elle ne peut la communiquer aux loix qu'elle institue.

Dans l'état d'ignorance & de désordre on peut diviser l'autorité ; & j'ai fait voir les inconvénients qui en résultent nécessairement ; j'ai fait voir que si la puissance législatrice n'est pas en même-temps puissance exécutrice, les loix qu'elle établit, ne sont plus des loix, parce que la puissance exécutrice est la seule
qui

qui puiffe conftamment affurer leur obfervation. Je conviens donc que dans
l'état d'ignorance, on peut mettre une
différence entre l'autorité des loix &
celle de là puiffance exécutrice : mais
j'obferve auffi que dans cet état, il faut
néceffairement qu'une des deux fe trouve
nulle, & c'eft toujours celle des loix ;
car c'eft de la puiffance exécutrice qu'elles empruntent alors toute leur force,
vu qu'elles ne font plus autre chofe que
les volontés arbitraires de cette puiffance.

DANS l'état oppofé, dans celui d'une
connoiffance évidente de l'ordre, les
loix pofitives, qui ne font que l'expreffion d'un ordre évident, que l'application de fes loix effentielles, tiennent, il
eft vrai, toute leur autorité de cette évidence qui eft leur premier Inftituteur ;
mais fi, dans le fait, elles jouïffent de
cette autorité, & fi elles deviennent defpotiques, c'eft parce que la même autorité réfide dans la puiffance exécutrice ;
de façon qu'entre la nation & l'autorité
de l'évidence on apperçoit toujours l'autorité perfonnelle du Souverain, par le
miniftere duquel l'évidence fe fait con-

Tome I.   C c

noître d'une maniere fenfible à tous ceux qui vivent fous fa domination.

Avant que les conféquences des loix effentielles de l'ordre foient adoptées comme loix pofitives, leur juftice, leur néceffité ont commencé par devenir évidentes à la puiffance légiflatrice ; elle les a reçues, pour ainfi dire, de l'évidence pour les dicter à fes fujets. Ces loix pofitives font ainfi tout à la fois l'expreffion d'un ordre évidemment néceffaire, & celle des volontés du Souverain. Impoffible donc qu'il puiffe exifter alors deux autorités diftinctes ; impoffible que le defpotifme des loix ne foit pas perfonnel à la puiffance qui commande & agit d'après l'évidence dont les loix ne font que l'expreffion ; impoffible même d'imaginer un autre defpotifme légal que celui qui, par un effet de la force irréfiftible de l'évidence, eft acquis aux volontés du Souverain avant d'être acquis aux loix pofitives, c'eft-à-dire, avant que ces mêmes volontés foient revêtues de la forme qui leur donne le caractere & le nom de loix.

Quelle différence énorme à tous égards entre la fituation d'un Souverain

que chacun regarde comme un bien qu'il
craint de perdre, & celle d'un defpote
arbitraire que chacun regarde comme un
mal qu'il ne fupporte qu'autant qu'il ne
peut s'en affranchir. L'autorité du defpote *arbitraire* n'eft que précaire & chan-
celante, parce qu'il eft impoffible de
fixer les opinions, les divers intérêts, &
les prétentions qui lui fervent de bafe ;
celle du defpote légal eft inébranlable,
parce que l'évidence qui en eft le principe, eft invariable, & produit toujours
les mêmes effets.

La puiffance du defpotifme *arbitraire*
n'eft au fonds qu'une affociation de plufieurs forces phyfiques réunies pour affervir d'autres forces phyfiques, qui ne
font plus foibles, que parce qu'elles font
divifées : celle du defpotifme légal eft le
produit d'une réunion générale de toutes les forces ; ce n'eft pas parce qu'elle
eft fupérieure qu'elle devient defpotique ; c'eft parce qu'elle eft *unique*, &
qu'il ne peut s'en former une autre.

Le defpote arbitraire n'eft point propriétaire de l'autorité qu'il exerce ; elle
n'eft qu'empruntée, puifqu'elle appartient réellement à ceux qui l'ont formée

par une affociation qui n'a rien que d'arbitraire : celle du defpote *légal* lui eft propre & perfonnelle ; elle eft à lui, parce qu'elle eft inféparable de l'*évidence* qu'il poffede, & qui, habitant en lui, fait que fa volonté devient le point de réunion de toutes les autres volontés & de toutes les forces. Ainfi le premier toujours & *néceffairement* dépendant, n'eft defpote que de nom ; & le fecond, toujours & *néceffairement* indépendant, eft defpote en réalité.

IL eft dans la nature de l'autorité du defpote *arbitraire* d'être toujours & néceffairement odieufe, parce qu'elle eft deftinée à tyrannifer les volontés, à contraindre l'obéiffance par la force phyfique : celle du defpote *légal* n'étant que la force intuitive & déterminante de l'évidence, il lui eft naturel de n'être, pour fes fujets, qu'un objet de refpect & d'amour, parce qu'il lui eft naturel d'affervir leurs volontés fans leur faire aucune violence.

LE defpotifme *arbitraire*, *néceffairement* deftructif de la richeffe du defpote & de la puiffance politique de l'État, renferme en lui-même le principe de fa deftruction : le defpotifme *légal*, procurant néceffairement le meilleur état poffible à la nation, à la fouveraineté, & au Souverain perfonnellement, renferme en lui-même le principe de fa confervation.

DANS le defpotifme *arbitraire* les volontés du defpote ne font point deftinées à lui furvivre ; elles meurent avec lui ; par cette raifon les ennemis de fes volontés deviennent toujours les ennemis de fa perfonne ; & comme il eft moralement impoffible qu'elles ne faffent pas un grand nombre de mécontents, il fe trouve ainfi dans une impoffibilité phyfique & morale de fe procurer aucune fûreté perfonnelle contre les opinions, les intérêts & les prétentions arbitraires que fes volontés doivent bleffer à chaque inftant : dans le defpotifme *légal* l'évidence, qui commande avant que le Souverain ordonne, fait que les volontés du Monarque deviennent les volontés conftantes & uniformes de toute la nation ; elles jouïffent après lui de la même autorité defpotique dont elles jouïffoient pendant fa vie ; cette autorité leur eft même tellement propre,

que l'évidence de leur juſtice ne permet
pas de former des prétentions qui leur
ſoient contraires ; ainſi la ſûreté la plus
abſolue, la plus entiere eſt *naturellement*
& néceſſairement acquiſe pour toujours
à ſa perſonne : on ne s'éleve point contre
lui, parce qu'on ne peut s'élever contre
ſes volontés ; & on ne peut s'élever contre ſes volontés, parce qu'il faudroit s'é-
lever contre la force de l'évidence, &
contre toutes les forces réunies de la
nation.

Par-tout où la connoiſſance *évi-*
dente de l'ordre naturel & eſſentiel des
ſociétés ſe trouvera tellement répandue,
que chacun éclairé par cette lumiere,
attache ſon bonheur au maintien reli-
gieux des loix, il doit régner un deſpotiſme *perſonnel & légal*, qui eſt le ſeul
& unique véritable deſpotiſme, parce
qu'il eſt le ſeul qui exiſte par lui-même,
qui ſe maintienne par lui-même, & qui
ne puiſſe jamais être ébranlé. Malgré l'a-
verſion naturelle qu'on avoit du deſpotiſme, on a bien ſenti qu'on ne pouvoit
s'arracher à l'arbitraire, qu'en ſe livrant
à une autorité abſolue, qui enchaînât
toutes les opinions ; mais faute d'avoir

remonté à un ordre focial primitif & effentiel ; faute d'avoir connu la force irréfiftible de fon évidence, on étoit toujours dans le cas de redouter cette autorité unique, parce qu'on ne voyoit
point comment elle ne feroit pas arbitraire elle-même dans fes volontés : par
cette raifon, le feul mot de defpotifme
perfonnel infpiroit une certaine horreur
dont on ne pouvoit fe défendre, & on
cherchoit, fans le trouver, le defpoti-
me légal dont on parloit fans le connoître : tandis que les puiffances qui gou-
vernoient, ne comprenoient point qu'il
ne peut jamais exifter un véritable defpotifme perfonnel, s'il n'eft légal, les
peuples ignoroient auffi qu'il ne peut
jamais exifter un véritable defpotifme
légal, qu'il ne foit perfonnel.

EUCLIDE eft un véritable defpote ;
& les vérités géométriques qu'il nous a
tranfmifes, font des loix véritablement
defpotiques : leur defpotifme légal & le
defpotifme perfonnel de ce Légiflateur
n'en font qu'un, celui de la force irréfiftible de l'évidence : par ce moyen,
depuis des fiecles le defpote Euclide regne fans contradiction fur tous les peu-

ples éclairés ; & il ne ceffera d'exercer
fur eux le même defpotifme, tant qu'il
n'y aura point de contradictions à
éprouver de la part de l'ignorance : la
réfiftance opiniâtre de cette aveugle eft
la feule dont le defpotifme perfonnel
& légal ait à triompher ; auffi l'inftruction & la liberté de la contradiction
font-elles les armes dont il doit fe fervir
pour la combattre, parce qu'il n'a befoin que de l'évidence pour affurer fa
domination.

Il n'eft rien au monde de fi propre
à nous infpirer l'amour de l'ordre, que
l'évidence de fa juftice, de fa néceffité,
des avantages que nous en retirons, &
des maux que fon relâchement nous feroit éprouver : dès que rien n'empêche
que le flambeau de cette évidence ré-
pande par-tout fa lumiere, chacun y
participe en raifon du befoin qu'il en a
pour fe conduire, & voit dans les biens
que l'ordre procure, un patrimoine dont
il ne peut perdre la propriété, tant que
l'ordre fubfiftera. La juftice & la fainteté de cet ordre portent tellement l'empreinte facrée de fon divin Inftituteur,
qu'on regarde fes loix invariables comme

me les clauses d'un contrat passé entre le ciel & la terre, entre la divinité & l'humanité: persuadés que notre soumission à ces loix doit être, de notre part, un culte agréable à Dieu, elles deviennent autant d'articles de foi, pour lesquels nous sentons naître dans nos cœurs cet amour, cet enthousiasme dont les hommes ont toujours été susceptibles pour leur religion. Je ne dis point encore assez; car aux biens surnaturels & inestimables que la religion promet aux fideles observateurs de l'ordre, se joignent les avantages naturels & temporels que l'ordre nous prodigue; ils ajoutent ainsi à un intérêt éloigné, qui n'est assuré que par la foi, un intérêt présent & sensible, qui ne peut qu'attacher plus étroitement, plus religieusement les hommes à la pratique de la vertu.

Si les Rois sont véritablement grands, véritablement Rois, ce n'est que dans un gouvernement de cette espece: toute l'autorité leur est acquise sans partage; & au moyen de ce que l'évidence dicte toutes leurs volontés, on peut dire, en quelque sorte, qu'ils sont associés *à la raison suprême* dans le gouvernement de

Tome I.   D d

la terre ; qu'en cette qualité ſa ſageſſe divine, que l'évidence leur communique,
& qui habite toujours en eux, les con-
ſtitue dans la néceſſité de faire le bien,
& dans l'impuiſſance de faire le mal ;
qu'ainſi par leur entremiſe, le ciel & la
terre s'entre-touchent, la juſtice & la
bonté de Dieu ne ceſſant de ſe manifeſ-
ter aux hommes, de leur être préſentes
dans les Miniſtres de ſon autorité.

Ceux-là ſont donc coupables du
crime de haute trahiſon, de leſe-Majeſté
divine & humaine, qui cherchant à lé-
gitimer tous les abus de l'autorité, dans
l'eſpérance d'en profiter, s'efforcent ſe-
crétement d'inſinuer aux Souverains
que leur deſpotiſme *eſt arbitraire* & abſolument indépendant de toute regle ;
que leurs volontés ſeules enfin conſtituent le juſte & l'injuſte. Cette perfidie
ne peut réuſſir qu'à la faveur d'un défaut de lumieres, qui ne permet pas aux
Souverains de voir *évidemment* que l'ordre ſocial eſt *naturellement & néceſſairement* établi ſur l'ordre phyſique même,
qu'il n'eſt point en leur puiſſance de
changer : faute de connoître cette vérité,
ils ſe laiſſent perſuader qu'un pouvoir

arbitraire peut leur être d'une grande utilité pour faire le bien ; mais un pouvoir
arbitraire ne peut fervir qu'à faire le mal;
car il n'y a que le mal qui puiffe être arbitraire, foit dans la forme foit dans le
fonds : tout ce qui eft dans l'ordre a des
loix *immuables* qui n'ont rien *d'arbitraire*, & qui produifent *néceffairement* le
bien pour lequel elles font inftituées :
ainfi ce n'eft qu'autant qu'un defpote s'é-
carteroit des loix de l'ordre pour fe livrer au défordre, qu'il pourroit faire
un ufage *arbitraire* de fon pouvoir ; or
il eft démontré que l'ordre eft tout à
l'avantage du Souverain & de la fouveraineté ; que le défordre ne peut que lui
devenir funefte, à lui perfonnellement
& à fon autorité, qui ne peut être féparée de la force intuitive & déterminante
de l'évidence, qu'elle ne fe trouve à la
difcrétion de toutes les prétentions arbitraires qui peuvent naître de l'ignorance & de l'opinion, les feuls ennemis
que fa puiffance ait à redouter.

HEUREUSES, heureufes les nations
qui jouïffent du defpotifme de l'évidence : la paix, la juftice, l'abondance, la
félicité la plus pure habitent fans ceffe au

milieu d'elles ; plus heureux encore les Souverains à qui l'on peut dire fans les offenfer : ›› Puiffants maîtres de la terre, ›› *votre puiffance* vient de Dieu ; c'eft ›› de lui que vous tenez votre autorité ›› abfolue, parce qu'elle eft celle de ›› l'évidence dont Dieu eft l'Inftituteur; ›› gardez-vous de la changer, cette au- ›› torité facrée, contre un pouvoir qui ›› ne peut être *arbitraire* en vous qu'au- ›› tant qu'il l'eft dans fon principe : vo- ›› tre puiffance, qui eft naturelle, ab- ›› folue, indépendante, ne feroit plus ›› qu'une puiffance factice, incertaine, ›› dépendante de ceux même qu'elle ›› doit gouverner. Vous êtes Rois ; ›› mais vous êtes hommes : comme ›› hommes, vous pouvez *arbitraire-* ›› *ment* faire des loix ; comme Rois, ›› nous ne pouvez que dicter des loix ›› déja faites par la divinité dont vous ›› êtes les organes : comme hommes, ›› vous avez la liberté du choix entre ›› le bien & le mal, & l'ignorance hu- ›› maine peut vous égarer; comme Rois, ›› le mal & l'erreur ne peuvent être en ›› vous, parce qu'ils ne peuvent être ›› en Dieu, qui, après vous avoir éta-

» blis Miniſtres de ſes volontés, vous
» les manifeſte par l'évidence : le deſ-
» potiſme *perſonnel & légal* qu'elle vous
» aſſure à jamais, eſt le même que celui
» du Roi des Rois ; comme lui vous
» êtes deſpotes ; comme lui vous le ſe-
» rez toujours, parce qu'il n'eſt pas
» dans la nature de l'évidence qu'elle
» & vous puiſſiez ceſſer de l'être ; &
» votre deſpotiſme vous comblera de
» gloire & de proſpérités dans tous les
» genres, parce qu'il n'eſt pas dans l'or-
» dre, dont l'évidence vous éclaire,
» que le meilleur état poſſible des peu-
» ples ne ſoit pas le meilleur état poſſi-
» des Souverains.

TABLE

DES CHAPITRES

ET DES MATIERES

contenus dans le premier Volume.

CHAPITRE II.

CHAPITRE VI.

ESSENCE, origine & caractere de l'ordre social; il est une branche de l'ordre naturel qui est physique; il est exclusif de l'arbitraire. L'ordre naturel & essentiel de la société est simple, évident & immuable; il constitue le meilleur état possible de la société, celui de chacun de ses membres en particulier, mais singuliérement du Souverain & de la Souveraineté; il renferme ainsi en lui-même les moyens de sa conservation, page 59.

CHAPITRE VII.

SUITE du Chapitre précédent : expofition fommaire de la théorie de l'ordre. Simplicité & évidence, non feulement de fes principes, mais encore de leurs conféquences. La connoiffance des premiers principes de l'ordre nous fuffit pour que toute pratique qui contredit une feule de fes conféquences, foit pour nous un défordre évident, page 72.

CHAPITRE VIII.

DES moyens néceffaires pour établir l'ordre & le perpétuer; ils font tous renfermés dans une connoiffance fuffifante de

Utilité

Chapitre IX.

Suite du Chapitre précédent. De l'évidence ; définition de l'évidence ; ses caracteres essentiels & ses effets ; évidence des arguments qui prouvent la nécessité de la plus grande liberté possible dans l'examen & la discussion de l'évidence. Force de l'opinion : ses dangers dans un état d'ignorance , pag. 95.

CHAPITRE X.

DE la forme effentielle de la fociété.
Ses rapports avec la théorie de l'ordre
effentiel. Elle confifte en trois claffes
d'inftitutions fociales. Objets que renferme chacune de ces trois claffes. Néceffité de développer les rapports des
deux premieres , dont l'une eft l'infti-

CHAPITRE XI.

*DÉVELOPPEMENT de la premiere classe
des Institutions qui constituent la forme essentielle de la société. Les loix s'é-
tablissent en même temps que la société. Il en est de deux sortes : les unes
sont naturelles, essentielles & universellement adoptées ; les autres conséquentes aux premieres, sont positives,*

E e ij

CHAPITRE XII.

CHAPITRE XIII.

*SECONDE fuite du Chapitre II. Com-
ment s'établit parmi les peuples la certitude de la Juftice & de la néceffité
des loix pofitives. Les Magiftrats font
un des premiers & des plus puiffants
fondements de cette certitude : par état
ils doivent avoir une connoiffance évi-*

CHAPITRE XIV.

CHAPITRE XV.

Suite du Chapitre précédent. Dieu est le premier auteur des loix positives. Définition du pouvoir législatif parmi les hommes : le législateur ne fait qu'appliquer les loix naturelles & essentielles aux différents cas qu'il est possible de prévoir, & leur imprimer, par des signes sensibles pour tous les autres hommes, un caractere d'autorité qui assure l'observation constante de ces loix. Rapports de l'autorité législative avec celle de l'évidence. Le pouvoir législatif est indivisible. Combien les devoirs essentiels des Magistrats lui sont précieux à tous égards : au moyen de ces devoirs & de l'évidence de l'ordre, ce pouvoir est absolument sans inconvénients dans les mains de la puissante exécutrice, page 174.

Ff ij

CHAPITRE XVI.

Le pouvoir légiſlatif ne peut être exercé que par un ſeul. Examen particulier du ſyſtême qui défere le pouvoir légiſlatif à la nation en corps : contradictions évidentes que ce ſyſtême renferme, page 198.

CHAPITRE XVII.

CHAPITRE XVIII.

CHAPITRE XIX.

SECONDE ſuite du Chapitre dix-ſeptie-
me ; conſéquence réſultante néceſſaire-
ment des démonſtrations précédentes.
L'autorité tutélaire ne peut être exer-
cée que par un ſeul. Définition du meil-
leur gouvernement poſſible , vu dans
l'intérêt commun de l'État gouvernant
& de l'État gouverné. Expoſition des

rapports néceſſaires entre les intérêts
d'un chef unique & ceux de la nation :
il eſt co-propriétaire du produit net des
terres de ſa domination. La Souveraineté doit être héréditaire. Cette condition eſt eſſentielle pour que le gouvernement d'un ſeul devienne néceſſairement le meilleur gouvernement poſſible , page 238.

CHAPITRE XX.

TROISIEME suite du Chapitre dix-septieme. Premiers arguments pour prouver que dans une nation parvenue à la connoiſſance évidente de l'ordre naturel & eſſentiel de la Société, le gouvernement d'un ſeul n'eſt ſuſceptible d'aucun inconvénient. Définition de l'autorité tutélaire. Sans cette connoiſſance évidente de l'ordre naturel & eſſentiel, impoſſible d'établir un bon gouvernement, page 253.

CHAPITRE XXI.

CHAPITRE XXII.

CHAPITRE XXIII.

CHAPITRE XXIV.

Fin de la Table du premier Volume.